POLARIS

VALENTIN GRÜNER

mit Alexander Krützfeldt

LÖWENLAND

Mein Leben für Afrikas letzte Wildnis

ROWOHLT POLARIS

Originalausgabe
Veröffentlicht im Rowohlt Taschenbuch Verlag,
Hamburg, April 2022
Copyright © 2022 by Rowohlt Verlag GmbH, Hamburg
Redaktion Tobias Schumacher-Hernández
Covergestaltung HAUPTMANN & KOMPANIE
Werbeagentur, Zürich
Coverabbildung Fabian Gieske
Karte Peter Palm, Berlin
Satz aus der Documenta bei CPI books GmbH, Leck
Druck und Bindung GGP Media GmbH, Pößneck, Germany
ISBN 978-3-499-00780-4

Die Rowohlt Verlage haben sich zu einer nachhaltigen Buchproduktion
verpflichtet. Gemeinsam mit unseren Partnern und Lieferanten setzen
wir uns für eine klimaneutrale Buchproduktion ein, die den Erwerb von
Klimazertifikaten zur Kompensation des CO_2-Ausstoßes einschließt.
www.klimaneutralerverlag.de

INHALT

Prolog: Umzug mit Löwe 7   Vorwort 11   Im Heim 13
Eis und Schnee 18   Löwen streicheln 26   Otter
füttern 37   Bettys Business 41   Housesitter 46
Sirga 49   Kochsahne 55   Erste Schritte 59   Krallen 64
Lagerfeuer, Dusche, Klo 70   Der große Hype 73
Sarah 76   One Way Ticket 81   Milchzähne 84
Sarah in Maun 91   Gnus jagen 95   Der Ausbruch 97
Wildfang 99   Roadtrip 103   Nachts in der Wüste 108
Obelix, das Nashorn 110   Präsidentenbesuch 118
Lagerplatz 123   Auf den Knien 131   Hubert 134
Der Löwe an der Tankstelle 137   Der Umzug 141
Die Kehrseite 148   Alte Heimat 153   Retterin in der
Not 158   Das große Feuer 168   Ende 173

Danksagung 183   Bildnachweis 187

PROLOG:

UMZUG MIT LÖWE

Wir waren fünfzehn Stunden unterwegs, Sarah, Sirga und ich. Hinter unserem Pick-up fuhren der Veterinär, die Filmcrew und mein Geschäftspartner mit dem Anhänger und der Solaranlage.

Von der Farm in Ghanzi, wo ich damals arbeitete, im Norden der Kalahari, mussten wir erst mal siebzig Kilometer über unbefestigte Piste holpern, bis wir in der Abenddämmerung den Highway erreichten. Dazu muss ich sagen, dass so eine Farm in Botswana wirklich nichts mit einem Bauernhof in Deutschland gemeinsam hatte. Es war einfach nur ein riesiges Stück Natur, auf dem einige Rinder weideten. Um die einhundert Quadratkilometer groß und umgeben von einem einfachen Zaun. Keine Felderwirtschaft, irgendwelche Gebäude oder Wege. Daneben gab es viele wilde Tiere wie Löwen, Leoparden und so weiter, die sich von dem Rinderzaun nicht beeindrucken ließen. Die Besitzer der Farmen waren davon natürlich wenig begeistert.

Siebzig Kilometer ging es also stop and go über andere Rinderfarmen und insgesamt sechzehn Viehtore. Jedes Mal mussten wir aussteigen, das Tor öffnen, wieder einsteigen, losrollen, wieder aussteigen und das Tor schließen. Bis wir den Highway erreicht hatten und endlich schneller vorankamen als fünfzehn Kilometer pro Stunde, dauerte es vier Stunden. Der Trans-Kalahari-Highway führt über eine Strecke von fast zweitausend Kilometern von Südafrika über Botswana und Namibia bis hoch nach Angola. Nun ging es deutlich schneller Richtung Süden.

Sirga lag hinten in der Transportbox auf meinem Pick-up und dämmerte auf einer Gummimatte, die ich zur Sicherheit ausgelegt hatte. Ich versuchte, während der Fahrt durch das kleine Fenster in der Fahrerkabine mit ihr zu sprechen, damit sie meine Stimme hörte und ruhig blieb. Eine Löwin, der die Nerven durchgehen, konnten wir überhaupt nicht gebrauchen. Meine einzige Sorge galt ihr und ob sie ihr neues Gehege erreichte. Am besten, bevor die Sonne aufging und es wieder so drückend heiß wurde.

Sarah saß ziemlich erschöpft auf dem Beifahrersitz. Als wir losfuhren, hatte sie schon sechs Stunden Fahrt in den Beinen gehabt, denn unser Tierarzt hatte sie aus Maun, der größten Stadt in der Region, mitgenommen. Aber als er auf der Farm in Ghanzi ankam, meinte er nur: «Valentin, wir müssen die Fahrt verschieben und in der Nacht fahren. Es wird zu heiß für das Tier.» Tagsüber sind vierzig Grad in Botswana keine Seltenheit. Wenn du einen Kugelschreiber im Auto vergisst, verschmilzt er mit dem Armaturenbrett.

Hinter mir lagen enorm harte Monate, und ich kannte die Strecke zum neuen Camp in Tsabong mittlerweile in- und auswendig. Der Weg war auch nicht schwer zu merken: Es ging einfach rund tausend Kilometer geradeaus durch die Wüste. Du musst nur einmal am Ende rechts abbiegen, also kann man sich kaum verfahren. Alle dreihundert, vierhundert Kilometer gibt es eine Tankstelle.

Im Prinzip war der Ort, an den wir jetzt umzogen, wie ein leeres Stück Nationalpark, nur dass es seit dreißig Jahren als

Farmland ausgezeichnet war. Weil es aber kein Wasser gegeben hatte, hatten die Leute, denen die Farm gehörte, das Land offenbar nie genutzt. Das einzige Wasser war damals noch an die hundert Kilometer weit weg. Unser neues Zuhause war also ein unberührtes Stück Natur, anders als in Ghanzi waren hier nicht mal Weidetiere gewesen. Wir waren unterwegs zu einem weißen Fleck auf der Landkarte, mitten im Busch.

Der Südwesten des Landes hat mich immer fasziniert. Botswana ist eines der dünnbesiedeltsten Länder der Erde, und der Südwesten eine der dünnbesiedeltsten Ecken Botswanas. In Ghanzi gibt es kaum Hügel und wenige Bäume, und weil alles weggefressen wird, hat alles Dornen, und was keine Dornen hat, ist meist giftig. Auf Bildern sieht das immer hübsch romantisch aus, aber eigentlich ist die Kalahari und alles, was in ihr lebt, hart und unnachgiebig. Sogar die Bäume haben Dornen und bewegen sich kaum im Wind.

Da man nie weiß, ob die nächste Tankstelle gerade Benzin oder Diesel hat, befüllte ich beide Tanks, bevor wir den Highway verließen, um das letzte Stück nach Tsabong über Sandpiste anzutreten. Mit dem Land Cruiser kommt man in der Kalahari praktisch überall durch, das einzige Problem ist lustigerweise das Gras. Denn das Gras oder genauer gesagt die Samen verstopfen den Kühler, und dann überhitzt der Motor, und die Karre ist hinüber. Aus diesem Grund haben alle Geländewagen zur Sicherheit einen Extratank; neben dem normalen Neunzig-Liter-Tank gibt es zusätzliche einhundertfünfzig Liter hinten auf der Ladefläche des Pick-ups. Und natürlich Ersatzräder. Denn mit einem Platten hilft dir auch ein voller Tank nichts.

PROLOG

Während ich tankte und die kalte Nachtluft einatmete, beobachtete ich die Leute, die uns aus dem Inneren der kleinen Tankstelle beäugten. Sirga richtete sich ihrerseits ein wenig in ihrer Transportbox auf und wirkte irritiert von der ersten Neonreklame ihres Lebens. Wildtiere sind hier etwas für Touristen. Viele Einheimische können sich die Nationalparks nicht leisten und kennen oft nicht den Unterschied zwischen einem Leoparden und einem Geparden. Die meisten haben auch noch nie einen Löwen gesehen, also war es kein Wunder, dass unsere kleine Prozession so neugierig angestarrt wurde.

VORWORT

Die Kalahari ist eine der abgeschiedensten und einsamsten Gegenden der Welt. Alleine das Central Kalahari Game Reserve, der Gemsbok National Park und die angrenzenden Wildgebiete sind zusammengenommen fast dreimal so groß wie die Schweiz.

Abends kann man am Lagerfeuer einfach nur in die Stille horchen, und da ist nichts. Manchmal durchdringt das Heulen eines Schakals, das Kichern einer Hyäne oder Löwengebrüll die Stille der kalten, klaren Wüstennächte, aber da ist kein Geräusch menschlicher Zivilisation zu hören unter dem atemberaubend schönen Sternenhimmel. In der Regenzeit zirpen die Grillen, und gewaltige, weit entfernte Gewitterstürme lassen immer wieder kurz die Silhouetten der Sanddünen und Akazien aufleuchten. Angesichts dieser Weite kann ich mir manchmal kaum vorstellen, dass es da draußen Städte gibt voller Verkehr, Lärm und Leuchtreklamen. Wo Abermillionen Menschen ihrem Alltag nachgehen.

Ich sitze dann vor meinem uralten Wohnwagen in der Dunkelheit, das Feuer knackt, und Funken trudeln in die Luft, und dann denke ich oft an meine Kindheit. Und dass so unglaublich viel passiert ist, seit ich vor fünfzehn Jahren den Bodensee verlassen habe. Manchmal kann ich mein Glück kaum fassen.

Gleichzeitig ist die Arbeit als Naturschützer hart und oft deprimierend. Weil der Mensch in einer atemberaubenden

Geschwindigkeit alles zugrunde richtet. Ich hoffe, dieses Buch kann ein kleiner Anstoß sein. Denn man kann immer etwas verändern. Und es lohnt sich, sein Leben einem Traum zu widmen.

IM HEIM

Wir hatten ein Wochenendhaus. Das klingt jetzt vielleicht ein wenig hochtrabend. Es war mehr eine Hütte auf dem Land, windschief und mit Kachelofen. Es war der Rückzugsort meiner Familie, weil meine Eltern sehr viel arbeiten mussten.

Unter der Woche lebten wir auf dem Gelände eines Behindertenheims am Bodensee, wo meine Eltern als Kunsttherapeuten arbeiteten. Das Heim befand sich in Horn, direkt an der Spitze der Halbinsel Höri, von wo Fähren in die Schweiz hinüberfuhren. Es ist ein kleiner Ort mit weißer Kirche, Campingplatz mit Fahrradverleih, Seerestaurant, Segelcamp und angrenzendem Strandbad. Das Heim bestand aus zwei Gebäuden. In dem einen waren die Klassenzimmer untergebracht, und in dem anderen hatten wir eine Wohnung. Mein Vater hatte in der Einrichtung schon seinen Zivildienst gemacht und kannte die Besitzer.

Kennengelernt hatten sich meine Eltern an der Uni. Mein Vater hatte den Wehrdienst mit der Begründung verweigert, dass er an Wiedergeburt glaube, weswegen das komplett sinnlos sei mit den Waffen. Damit kam er tatsächlich durch.

Während meine Mutter den Kindern beim Malen über die Schulter blickte, war mein Vater für die Werkstätten zuständig und baute mit den Kindern alles Mögliche. Meinen Eltern war es wichtig, dass auch ihre eigenen Kinder mit natürlichen Sachen spielten, um unsere Fantasie zu fördern, deshalb besuchten meine kleine Schwester Lisa und ich einen anthroposophischen Kindergarten und durften kaum fernsehen. Wir hatten zwar ein Gerät, aber das stand im Wochenendhaus.

Unser Kindergarten war ein einstöckiger Bau mit Sandkasten vor der Tür und Kinderzeichnungen an den Wänden. Anders als meine kleine Schwester wollte ich da nie hin, denn da waren mir einfach zu viele Leute. Also lief ich regelmäßig weg, versteckte mich in der Natur und hoffte jedes Mal wieder, dass sie mich nicht finden.

In der Nähe gab es ein Naturschutzgebiet. Man lief kaum zehn Minuten durch wildes Gestrüpp, schon war man am Ufer. Der Bodensee war riesig. Im Ort gab es einen kleinen Hafen und Fischerboote, und zweimal am Tag kam eine kleine Fähre. Jollen lagen auf ihren trockenen Liegeplätzen. Am Ende vom Anlegesteg war eine Bank, von dort hatte man einen tollen Blick über das Wasser. Es roch immer etwas modrig, und man hörte die Boote leise klappern, und unter ihnen schwammen kleine Fische herum. Die kleine Bank draußen am Steg war mein Lieblingsplatz. Bei gutem Wetter konnte ich bis hinüber zur Schweiz schauen und den schneebedeckten Alpen. Ich war ein scheues Kind. Mit der Welt ringsum hatte ich wenig zu tun, vielleicht hatte ich sogar Angst. Jedenfalls suchte ich, sooft ich konnte, die Einsamkeit und Stille der Natur.

Seit meiner frühesten Kindheit fuhren wir zweimal im Jahr mit unserem Wohnmobil in Urlaub. Obwohl ich eigentlich schon im Urlaubsparadies wohnte, waren das immer die Höhepunkte des Jahres. Ich saß dann meist bei Papa vorne, und wir redeten, solange ich die Augen offen halten konnte, während er durch die Nacht fuhr. Irgendwann nickte ich weg, und wenn ich am nächsten Morgen wach wurde, war da ein heller Strand am Mittelmeer, die Luft war ganz warm, und Eidechsen saßen auf brüchigen Mauern.

Unsere Wohnung am Bodensee dagegen war klein, und da meine Eltern Wert darauf legten, dass wir nicht vor der Glotze hingen, war ich viel draußen. Ich war immer ein Entdecker. Heute denke ich, meine Eltern haben mir wirklich viele Freiheiten gelassen, wofür ich ihnen dankbar bin. Sie hätten uns einfach vor dem Fernseher parken können, das hätte ihnen vermutlich einige Sorgen erspart und das Leben erleichtert.

Auf dem Heimgelände gab es einige Tiere, mit denen ich viel Zeit verbrachte. Anfangs gab es nur ein Pferd und ein paar Schafe. Das Pferd hieß Jupiter, und ich konnte immer hingehen, wenn ich Lust hatte, und musste mich um nichts kümmern.

Daneben hatten wir auch immer eigene Haustiere. Unsere erste Katze hieß Mikesch. Sie ist uralt geworden. Meine Mutter kümmerte sich um das Tier, aber es war halt eine Katze, die brauchte nicht wirklich Pflege. Sie war schätzungsweise vierundzwanzig, als sie starb. Außerdem hatten wir Enten. Wozu man Enten hält, weiß ich bis heute nicht. Mein Vater hatte für sie ein Haus in der Werkstatt gebaut. Irgendwann brach dann der Marder ein und fraß die Enten; das war für mich als Kind natürlich nicht so schön. Wir schafften keine Enten mehr an, aber in den Teich, den mein Vater extra angelegt hatte, packte ich kurzerhand meine Wasserschildkröten.

Meine erste Landschildkröte hieß Susi, um die kümmerte

ich mich, aber das war leicht. Susi haute zwar oft ab, doch zum Glück immer in dieselbe Richtung – zum Nachbarn, irgendwo aufs Feld –, deshalb kam sie nie weit. Wir holten die Tiere nie aus Zoohandlungen, sondern immer aus der Zeitung oder aus dem Tierheim. Wir bekamen die Tiere also meist umsonst, aber die Haltung und Pflege ging natürlich irgendwann ins Geld.

Mein persönlicher Zoo wuchs mit der Zeit immer weiter. Ich hatte bald noch ein Chinchilla, ein Frettchen und zwei Nymphensittiche. Der eine hieß Jockel, und er ist irgendwann weggeflogen. War wohl irgendwo ein Loch im Dach. Das Frettchen hieß Sissi, und um Sissi musste ich mich intensiv kümmern. Ich hatte einen schönen Käfig in meinem Zimmer, aber eigentlich lief es die meiste Zeit frei umher.

Sissi war ein tolles Frettchen. Leider starb sie während einer Schwangerschaft, und meine Eltern gaben noch einen Haufen Geld für den Tierarzt aus, um sie zu retten. Die Nymphensittiche starben auch irgendwann, aber um die trauerten meine Eltern eher wenig, denn sie hatten oft die Bücherwand verwüstet.

Nichtsdestotrotz päppelten sie verwaiste und verletzte wilde Vögel auf, und das war für mich besonders schön. Man lässt sie einfach draußen fliegen, wo sie auch hingehören, und anfangs kommen sie immer wieder zwitschernd zurück und sind ein Teil der Familie. Irgendwann kommen sie immer seltener, bis sie ein Nest bauen und für immer fort sind. Und das ist auf eine Weise traurig, aber auch schön, weil du weißt, sie sind jetzt frei, und du hast einen Teil dazu beigetragen.

Rückwirkend betrachtet, ziehe ich den Hut vor meinen

Eltern, dass sie mit mir und all den Tieren so eine Geduld hatten. Vor allem, weil ihnen ihre Bücher so am Herzen lagen.

EIS UND SCHNEE

Die Schulzeit stand ich nur durch, weil ich jede freie Minute draußen verbrachte. Wenn der Unterricht aus war, lud ich mein Surfbrett auf einen Handwagen und zog ihn klappernd runter zum See. Bei der Zeugnisverleihung sagte ein Lehrer zu meinen Eltern: «Der Valentin hätte ein sehr gutes Abi machen können – wenn er gewollt hätte.»

Nach dem Abi schmiedeten alle große Pläne. Das Heim war zwischenzeitlich bei einem Feuer fast komplett abgebrannt, und wir wohnten mittlerweile in einem großen Haus, nicht mehr am See, aber auch auf dem Land. Trotzdem war es nicht dasselbe, mir fehlte das alte Leben sehr.

An den Wochenenden ging ich mit meinen Freunden in unsere Stammkneipe, einen Pub. Es gab nur eine sehr kleine Bar, getrunken wurde Cola-Weizen und zu späterer Stunde nur noch Weizen, und wenn entsprechend was los war, wurden die Tische weggeräumt, damit getanzt werden konnte. Wobei ich nie getanzt habe, das war noch nie so mein Ding.

Wir lehnten oft an der Bar und sprachen über die Zukunft, über Studienplätze und Zugangsvoraussetzungen. Über den Zivildienst und Berufswünsche. Über Reisen, Länder und Städte. Wie spannend alles würde. Meine Zukunft sah zunächst nicht gerade spannend aus, auch wenn ich längst eine Ahnung hatte, in welche Richtung es mich ziehen würde. Seit einem Diaabend bei meinen Großeltern in Bremen, als meine Tante Bilder ihrer Safari zeigte, war ich angefixt. Ich war damals acht Jahre alt, und nach dem Diavortrag durfte ich wach bleiben und den Film «Serengeti darf nicht sterben» mit anschauen. Und als ich vor dem Fernseher saß und mich diese Bilder überwältigten, die Weite, wurde mir klar, dass ich etwas mit Tieren in Afrika machen musste.

An diesem Abend beschloss ich: Da werde ich einmal wohnen. Meine Mutter brachte eines Tages eine VHS-Kassette mit, der Film hieß «Sirga, die Löwin». Er erzählt die Geschichte eines afrikanischen Jungen, der in einem Dorf aufwächst. Eines Tages bringt eine Löwin ihm ihr Baby, um selbst wieder jagen gehen zu können. Ich konnte mich damals direkt reinträumen und war dieser Junge. Wer hätte gedacht, dass mein Traum viele Jahre später Wirklichkeit werden sollte?

Jedenfalls fasste ich schon früh die Idee, Tiermedizin zu studieren. Und an diesen Abenden im Pub als frischgebackener Abiturient reifte der Plan, nicht in Deutschland zu studieren, sondern im Ausland auf Englisch, denn ich wollte danach ja nach Afrika. Doch zugleich war mir klar, dass meiner Familie für ein Auslandsstudium, noch dazu womöglich an einer Privatuni, schlicht das Geld fehlte. Also war mein vorläufiger Plan, erst einmal arbeiten zu gehen und Geld für das Studium zu verdienen.

Raphael, ein Mitschüler, der in der Oberstufe ein Jahr in Kanada verbracht hatte, erzählte, dass man in Kanada richtig Kasse machen könnte. Er hatte noch Kontakt zu seiner ehemaligen Gastfamilie und meinte, wir könnten bestimmt bei ihnen unterkommen. Nach einer durchzechten Nacht, in der alle wieder von ihren Plänen berichtet hatten, machten Raphael und ich Ernst und kümmerten uns um Work-and-Travel-Visa, mit denen wir ein Jahr in Kanada arbeiten durften. Ich musste noch mein Motorrad verkaufen, um mir den Flug leisten zu können, dann packten wir die Rucksäcke. Raphael hatte tatsächlich organisiert, dass wir in der ersten Zeit auf der Farm seiner ehemaligen Gastfamilie wohnen konnten.

Ich kannte Kanada hauptsächlich aus Dokus über Krabbenfischer – das waren Menschen, die hart arbeiteten und in der Regel, wie ich auch, nichts gelernt hatten. An einem guten Tag brachten sie einen Haufen Kohle mit nach Hause, weswegen ich dachte: Das ist doch perfekt für mich. Und so stiegen wir hoch motiviert in den Flieger und überquerten den Atlantik. Als wir viele Stunden später mit blinkenden Tragflächen auf dem Rollfeld einer Kleinstadt namens Prince George landeten, mitten in der Provinz British Columbia, waren es direkt minus zwanzig Grad, und der Wind pfiff uns den Schnee mitten ins Gesicht.

Chase, der Sohn der Familie, holte uns in diesem Gestöber ab, und mir wurde langsam klar, wie groß das Land war, wie enorm die Distanzen waren, die man zurücklegen musste. Wir fuhren etwa fünf Stunden zur Farm. Der Schnee türmte sich bedrohlich an den Straßenrändern auf, und unser riesiger Geländewagen mühte sich durch die einsetzende Dunkelheit. In den tiefen Wäldern sah ich im Kegel der Scheinwerfer die ersten Elche meines Lebens unschlüssig zwischen den Bäumen stehen. Ganz romantisch, dieses British Columbia.

Endlich erreichten wir die Farm seiner Familie, auf der Chase eine eigene Cabin bewohnte. Es war ein schlichtes Blockhaus mit Ofen, in dem wir unsere Sachen auf die Betten schmissen.

Für Essen und Unterkunft arbeiteten wir auf der Farm. So konnten wir erst mal Fuß fassen, bevor wir uns nach einem Job umsahen, bei dem wir Geld verdienen konnten. Es war tiefster Winter, und von den Dächern hingen lange Eiszapfen herab. Wir hackten Holz für die Öfen und standen bei minus zwanzig Grad draußen – im T-Shirt, weil wir so schwitzten. Raphael und ich riefen nur: «Mann, das ist so geil hier!», während wir mit dem Frontlader Gras zu den Kühen schütteten – und abends, wenn wir heimkamen, lagen die Nordlichter sattgrün über den Wäldern und knisterten.

Abendessen gab es immer im Haupthaus der Farm, wo alle um einen riesigen Esstisch herum saßen. Die Mutter, Peggy, konnte wahnsinnig gut kochen. Ich aß zum ersten Mal frittierte Zwiebelringe – und wusste nicht, wie ich bis dahin ohne sie hatte leben können. Außerdem gab es zu allem «gravy», eine schwere Bratensoße aus Pilzen, Cranberrys und Möhren. Ich glaube, in Kanada wird alles mit gravy gegessen.

Russell, der Vater, hing nach dem Abendessen oft am Telefon, um uns eine lukrative Arbeit zu besorgen. Tagsüber war er auf der Farm beschäftigt, wo er nebenher Lkws und Geräte für den Straßenbau vermietete, und man muss sagen, er arbeitete jeden Tag wie ein Tier. Natürlich wollten wir ihn nicht hängen lassen und einen guten Eindruck machen. Beide kümmerten sich wahnsinnig gut um uns, und ich fühlte mich wie zu Hause. Mit meinen Eltern hatte ich in dieser Zeit wenig Kontakt. In den ersten sechs Monaten schrieb ich kaum mal ein paar Zeilen, nur meiner damaligen Freundin in Deutschland schrieb ich regelmäßig Briefe. WhatsApp gab es noch nicht. Ansonsten meldete ich mich bei niemandem.

Eines Abends, wir saßen gerade am Esstisch, meinte Russell, er habe da vielleicht einen Job für uns. Ich war anfangs ziemlich still bei den Mahlzeiten, weil ich kaum Englisch sprach – ich konnte ein Bier bestellen oder etwas zu essen, aber das war's dann auch. Russell erzählte, sein Bruder arbeite in leitender Funktion in einem Tagebau, da gäbe es richtig Geld zu verdienen. Wir hätten ja gezeigt, dass wir hart arbeiten könnten. Ob wir interessiert seien?

Ich glaube, Russell machte sich schon Sorgen wegen meiner mangelnden Englischkenntnisse, als er ein telefonisches Bewerbungsgespräch vereinbarte. Aber Raphael und ich meinten beide: «Das machen wir jetzt», wir hatten die weite Reise schließlich vor allem angetreten, um Geld zu verdienen. Das Interview gestaltete sich dann erfreulich schlicht. Sie wollten lediglich wissen, ob wir ein gültiges Visum haben, und das war auch alles. Ich war ziemlich erleichtert.

Nach einem herzlichen Abschied wurde es dann eine sehr lange Fahrt mit dem Greyhound-Bus über die Rocky Mountains in die angrenzende Provinz Alberta. Am Telefon hatten sie gesagt, dass wir lange arbeiten und Schaufeln für Bagger zusammenbauen müssten, die dann im Sand buddeln. Wir wussten nicht so recht, auf was wir uns da eingelassen hatten.

Diese Riesenbagger wiegen etwa eintausendfünfhundert Tonnen und fahren zwei Kilometer pro Stunde, weswegen sie am Einsatzort montiert werden müssen. Hinter jedem Bagger fährt ein Lkw mit einem Generator für die Stromversorgung, weil die Maschinen zu groß für Dieselmotoren sind. Riesige Elektromotoren bewegen also diese Ungetüme, und diese Bagger beladen wiederum gigantische Lastwagen, die den Matsch aus dem Tagebau fortschaffen. Es war unglaublich, diese Riesen in Aktion zu sehen.

Im Norden Albertas wird Öl aus Sand gewonnen. Beim Ölsandabbau geht es um gewaltige Mengen, denn es werden etwa zwei Tonnen Sand benötigt, um ein Barrel Öl zu gewinnen. Dazu müssen ganze Wälder gerodet werden, außerdem stößt das Ganze unfassbar viel CO_2 aus. Es handelt sich also um eine höchst ineffektive, teure und umweltzerstörende Industrie. Als wir dort ankamen, standen wir am Rande einer Mondlandschaft, die sich bis zum Horizont erstreckte. Dieser Anblick passte mal so gar nicht zu dem Bild, das ich von Kanada hatte.

Wir wurden in einem Containerdorf in einiger Entfernung von dem Tagebau untergebracht. Weil niemand bei bis zu minus vierzig Grad freiwillig die Hose auszog, hatten selbst die Toiletten-Container riesige Heizlüfter mit Rohren so groß, dass man bequem hätte drin sitzen können. Alles wurde so beheizt, die Büros, die Werkstätten. Selbst die Metallteile mussten beheizt werden, um sie schweißen zu können. Da wir die Neuen waren, wurde uns erst mal die Aufgabe übertragen, halb gefrorene Kacke aus den Toiletten zu kratzen. Wir arbeiteten zwölf Stunden am Stück.

Die Sache mit den Überstunden war, dass die ersten acht Stunden regulär bezahlt wurden, die folgenden vier aber doppelt. Da jeder möglichst viel Geld mit nach Hause nehmen wollte, blieb einem kaum etwas anderes übrig. Da die Hin- und Rückfahrt aus dem Container-Camp eine Stunde dauerte, blieb nicht mehr viel Freizeit übrig. Die Camps beherbergten Hunderte Arbeiter. Man bekam Essen, ein Zimmer, und jeder hatte sogar sein eigenes Bad. Frühmorgens und abends gab es ein Büfett. Man musste im Grunde keinen Cent ausgeben, und in guten Monaten verdienten wir um die zehntausend Dollar.

Frühstück gab es im Camp um fünf, spätestens halb sechs. Weil es so kalt war, musste man als Erstes die Heizdecken einstecken, die draußen über den Motorblöcken der Autos lagen, und die Heizung laufen lassen, sonst konnte man später in den Autos überhaupt nicht sitzen. Dann frühstücken und schnell die Arbeitsklamotten anziehen. Ich setzte den Helm auf, darunter trug ich eine dicke Mütze. In Jeans und Pulli rutschte ich in den riesigen Overall, auf den Isolierpads aufgenäht waren. Am Ende schnürte ich mir die Stiefel mit den Stahlkappen, die wegen des Stahls saumäßig kalt wurden. Klar hätte ich auch gern etwas von Kanadas Schönheit gesehen, anstatt monatelang in diesem postapokalyptischen Szenario zu schuften, aber hier hatte ich die Möglichkeit, viel Geld zu verdienen, und das wollte ich durchziehen. Je mehr ich schuftete, desto schneller konnte ich wieder nach Hause.

Abends, wenn wir schweigend und todmüde ins Camp zurückfuhren, sahen wir manchmal Wölfe am Straßenrand, und im Camp durchwühlten Bären die Mülltonnen. Zehn Monate war ich in Kanada, neun davon arbeitete ich im Tagebau.

Als ich Kanada hinter mir ließ, fiel mir der Abschied nicht besonders schwer. Ich kam, und als die Monate vorbei waren, ging ich wieder. Irgendwie war ich verstummt, auch angesichts dieser Verwüstungen der Natur, die ich gesehen hatte. Manche hatten dort gelacht, als sie erfuhren, dass ich Tierarzt werden wollte, aber ich gab nichts darauf. Ich wollte einfach meinem Traum näherkommen. Und nun hatte ich endlich das Geld in der Tasche, um etwas Neues anzufangen.

Raphael blieb noch. Irgendwann flog er weiter nach Australien oder Mexiko, wo er den Tauchlehrerschein machte. Anschließend verloren wir uns komplett aus den Augen.

Als ich meinen Koffer auf dem Bett meiner Eltern öffnete, fand ich darin ein oberarmdickes Stück schwarzes Kabel – von den Trucks, die hinter den riesigen Baggern hergefahren waren. Ich hatte es abgeschnitten und als Andenken behalten. Weil es aber so schwer und groß war, hatte ich kaum Kleidung dabei. Ich legte das Kabel in die Werkstatt meines Vaters und fasste es nie wieder an. Und jetzt, wo ich so darüber nachdenke, ist es mein einziges Andenken an Kanada. Ich glaube, ich habe in all der Zeit kein einziges Foto gemacht.

LÖWEN STREICHELN

Zurück in Deutschland, lief es bei mir nicht so gut. In Marburg teilte ich mir mit meiner damaligen Freundin, die gerade ihr Studium begonnen hatte, ein Zimmer in einer WG. Es war gerade so groß, dass ein Bett hineinpasste. Wenn ich die Tür öffnete, saßen da mir völlig fremde Leute und schauten vom Frühstück auf.

Die Wohnung lag zentral; auf der Straße vorm Fenster wuselten zahllose Menschen herum, und egal, wohin man guckte, sah man andere Häuser. Es gab nicht mal Bäume. Sobald man rausging, waren dort Wege und Kneipen und Geschäfte. Ich merkte, wie mich die Zeit in Kanada verändert hatte. Wenn meine Freundin, die tagsüber meist Vorlesungen in der Uni hatte, nachmittags nach Hause kam und ihre Sachen abschmiss, wollte sie die Stadt erkunden. Ich wollte nicht, also stritten wir. Ich fühlte mich für das Leben in der Stadt nicht gemacht, und sie war enttäuscht, weil ich den ganzen Tag in der Bude hockte. Irgendwann meinte sie dann: «Vielleicht suchst du dir mal was Eigenes, Valentin – ich glaub, das wär besser so.»

Natürlich war ich gekränkt. Ich liebte sie, und für mich war Liebe, war eine Beziehung immer etwas Großartiges und Besonderes, das man nicht leichtfertig riskierte, und wenn ich mich mal verliebt hatte, war ich sehr fixiert. Es lief auf einen tränenreichen Abschied hinaus. Ich hatte die Beziehung faktisch beendet. Dabei hatten wir uns gerade erst wieder gefunden. Aber vielleicht ist das manchmal so: Man gewöhnt sich daran, eine Fernbeziehung über Tausende von Kilometern zu führen, um anschließend festzustellen, dass man für ein Zusammenleben, noch dazu auf engstem Raum, einfach nicht gemacht ist.

Also zog ich weiter. Seit damals bei Oma auf der Couch war aus dem Kindheitstraum der konkrete Plan entstanden, ins südliche Afrika zu ziehen, also südlich der Sahara. Und jetzt hatte ich zum ersten Mal Geld, um einen Flug zu buchen.

Doch ich konnte immer noch nicht loslegen, denn ich musste zunächst meinen Zivildienst absolvieren, den ich vor mir hergeschoben hatte. Ich hatte eine Stelle im Otter-Zentrum Hankensbüttel gefunden, doch bis dahin musste ich sechs Monate überbrücken. Also setzte ich mich erst mal an den Rechner und suchte ziellos nach einem Job.

Da stieß ich auf die Homepage einer Aufzuchtstation in Namibia. Das wäre mal ein Kontrast zu Marburg, dachte ich. Also schrieb ich kurzerhand: «Kann ich vielleicht für ein paar Monate bei euch arbeiten?» Die Mail verfasste ich mit dem Selbstbewusstsein eines jungen Menschen, der nicht im Geringsten daran zweifelt, gebraucht zu werden. Schließlich konnte ich nachweislich hart arbeiten, sprach mittlerweile anständiges Englisch, und noch dazu kannte ich mich mit Tieren aus – dass es sich hierbei um Haustiere handelte, musste ich ja niemandem auf die Nase binden. Ich hielt mich für den perfekten Kandidaten.

Im Prinzip stellte ich mir das vor wie am Anfang in Kanada: Ich arbeite und bekomme Essen und Unterkunft. Selbst einen Lohn brauchte ich nicht, ich hatte ja Ersparnisse.

Aber weil das ein Volunteer-Programm war, kam nach einigen Tagen nur die Nachricht zurück: «Lieber Valentin, dann buch doch den Kurs, und zahl bitte im Voraus – so läuft das bei uns!» Ich war etwas ratlos und sauer, aber in Marburg hielt mich auch nichts, und da ich gelesen hatte, dass die zurzeit viele kleine Löwen hatten, buchte ich einfach.

Meine Eltern hatten wohl gedacht, jetzt hat der Valentin die Welt gesehen und bleibt, er macht sein Studium und lässt sich nieder. Bestimmt waren sie enttäuscht, dass ich direkt wieder wegwollte, weil ich in Deutschland nichts mit mir anzufangen wusste. Ich dachte: Wenn du jetzt hier sieben Jahre an die Uni gehst, wirst du Tierarzt irgendwo in der deutschen Provinz, und das wollte ich nicht. Ich wollte keine Schweine, Ziegen und Kühe versorgen, sondern Wildtiere in Afrika. Darüber wusste ich zwar ehrlich gesagt nichts, aber irgendwo musste man ja anfangen. Also kaufte ich mir das Ticket und stieg ins Flugzeug. Vielleicht war es auch einfach der Ruf des Abenteuers. Ich war schon immer so: Wenn ich etwas interessant fand, stürzte ich mich kopfüber hinein. Und zwar im wahrsten Sinne des Wortes: Als Kind bin ich mal in den Brunnen gefallen und fast ertrunken.

Als ich nach zehn Stunden Flug in Windhuk die Maschine verließ, sah ich zum ersten Mal diese Hügel und Akazien, atmete die warme Luft. Der Flughafen wirkte nicht so, als wäre eine große Stadt in der Nähe, ringsum wucherte nur halbhohes Gebüsch. Ich nahm mir sofort ein Taxi in die Stadt, wo ich in einem Backpacker-Hostel abstieg. Dort herrschte eine entspannte Atmosphäre, es lief Musik, es gab sogar einen kleinen Pool. Die Leute waren locker drauf, man nahm an der Bar einen Drink, nippte im Schatten an seinem Bier. Ich dachte, ich wäre im Paradies gelandet.

Am nächsten Morgen stand ich an der Haltestelle, als Deutscher natürlich eine Viertelstunde vor der vereinbarten Zeit. Jemand sollte mich abholen und ins Camp bringen. Ich wartete neben meinem Gepäck, es war schon ordentlich heiß, aber es kam keiner. Nach und nach trudelten andere Leute ein, die auch auf ihre Fahrer warteten. Es waren offenbar Touristen, die aber wirkten, als wären sie schon länger da. Ich fragte sie: «Was macht ihr, wenn euer Fahrer unpünktlich ist?» Einer lachte, ein anderer meinte: «Eigentlich ist alles pünktlich, was noch am selben Tag kommt.»

Heute weiß ich, was er meinte. Das Leben südlich der Sahara läuft anders ab als in Europa. Wenn Leute hier in die Stadt wollen, klappen sie Stühle auf, setzen sich an die Bushaltestelle und quatschen. Einer holt etwas zu trinken heraus, und irgendwann ist Abend, und die Grillen zirpen, und sie warten immer noch. Manchmal kommt der Bus tatsächlich, manchmal erst zwei, drei Tage später, manchmal auch nie. Die Leute sitzen einfach da, und irgendwann klappt einer seinen Stuhl wieder ein und meint: «Ich versuch's noch mal die Tage.» Die Zeit und Dringlichkeit, mit der wir Europäer durch unser Leben rennen, ist südlich der Sahara, außer in großen Städten, unbekannt.

In den Dörfern geht das schon damit los, dass viele der alten Menschen nicht wissen, wie alt sie wirklich sind. Sie können auch nicht in ihren Pass gucken, weil dort nur zu lesen ist, was die Engländer hineingeschrieben haben, weil sie der Ansicht waren, irgendwo müsse immer eine Zahl stehen.

Ich saß mal für die Neubeantragung meines Führerscheins drei Tage im Auto. Streng genommen ging es nur um neue Fingerabdrücke. Auf den Dörfern gehst du in ein Büro der Regierung und sagst: «Ich brauche bitte dieses und jenes» – und dann sagen die: «Drucker kaputt.» Oder: «Computer kaputt. Bitte nächste Dienststelle versuchen.»

Die nächste Dienststelle ist dann hundertfünfzig Kilometer entfernt, was über Wüstenstraßen seine Zeit dauert, und dort geht es dann von vorne los: «Ich brauche bitte dieses und jenes!»

Die Antwort: «Der Kollege ist krank. Fingerabdrücke bitte bei der Polizei machen lassen.»

Also fahre ich zur Polizei und trage dort mein Anliegen vor. Und die so: «Heute geht nichts. Coronafall.»

Es ist nicht so, als gäbe es keine Telefone – die Menschen wollen sich einfach keinen Stress machen und lassen sich nicht unter Druck setzen. Im Endeffekt kurvte ich drei volle Tage mit dem Auto herum, bis ich Glück hatte und tatsächlich meinen Führerschein bekam. Hat man aber Pech, gibt es keinen Wisch, und du darfst kein Auto mehr fahren. Es gibt hier einen Spruch: «Die Europäer haben die Uhr erfunden, aber Afrika hat die Zeit behalten.»

Ich übte mich also in Geduld – was blieb mir auch anderes übrig –, und sechs Stunden später kam der Fahrer tatsächlich noch und wuchtete mein Gepäck wortlos in den Hänger seines Toyota Pick-ups. Im Auto saß noch ein Typ, der sich als Mikkel aus Dänemark vorstellte und den ich mir wegen seines Abercrombie-&-Fitch-Outfits überhaupt nicht im Busch vorstellen konnte.

Aber wie sich schnell herausstellte, war Mikkel der Projektleiter. So konnte man sich irren. Als wir im Camp ankamen, nach wiederum einigen Stunden Fahrt über staubige, rote Landstraßen, fiel ich todmüde ins Bett. Wir bewohnten zu viert kleine Hütten auf Stelzen, ohne Bad. Es war einfach ein karger Raum mit vier Betten. Die Duschen und Toiletten waren in einer separaten, undichten Wellblechbaracke untergebracht, und es war unglaublich voll. Wäre ich nicht so motiviert und neugierig gewesen, ich hätte das Leben in Marburg schon am ersten Tag vermisst.

Es waren noch zwei Autos mit uns angekommen, bestimmt zwanzig bis dreißig Leute. Von Anfang an herrschte eine Party- und Urlaubsstimmung, und nach der langen Reise war ich schon ziemlich enttäuscht, wie wenig es um echten Naturschutz zu gehen schien. Die Leute waren da, um Löwen zu füttern und Babylöwen zu streicheln. Ich konnte mir nicht helfen, ich fühlte mich wie in einem Zoo. Dafür war ich Tausende von Kilometern gereist?

Damals war ich der festen Überzeugung, dass eine Auffangstation alle Tiere auswildern sollte. Dazu muss man wissen, dass in der Kalahari alle Ecken, die irgendwie nutzbar sind, von Menschen besetzt sind. Das heißt, überall, wo es Wasser gibt, werden Tiere angesiedelt, hauptsächlich Rinder. Zugleich wurden die Wanderbewegungen der Gnus und Zebras, die es früher gab, gezielt unterbunden.

Riesige Gnu- und Zebraherden machten in Afrikas Savannen-Ökosystem früher einen Großteil der Grasfresser aus. Das liegt daran, dass diese Tiere, ganz besonders die Gnus, unglaubliche Strecken zurücklegen. So können sie in der Trockenzeit, wenn die Kalahari kein Wasser bietet, in das permanent Wasser führende Okavangodelta wandern. Wenn der Regen wiederkommt und das Gras im Delta abgefressen ist, dann ist die Kalahari wieder ein Paradies voller Pfützen, Tümpel und grünem, saftigen Gras. Für einige Monate lässt es sich dort dann gut leben. Andere Tiere wie Elefanten und Büffel bleiben an den Orten, wo es immer Wasser gibt. Wieder andere wie die Oryxantilopen und Springböcke verbringen das ganze Jahr in der Kalahari.

Für die Grasfresser ist es aber nicht einfach, so «stationär» zu sein, denn im Delta, dem immergrünen Paradies, herrscht natürlich ein großer Wettbewerb, und so ein Elefant frisst auch eine ganze Menge am Tag. In der Kalahari gibt es zwar den Platz und auch endlose Grasflächen, aber die monatelange Trockenheit macht den Tieren das Leben schwer, und nur gut angepasste Minimalisten schaffen es, die Trockenzeit hier zu überstehen. Die Gnus, die durch ihre Wanderungen der Trockenzeit entgehen, vermehren sich dementsprechend rapide. Solche Wanderungen lassen sich aber heute nur noch in Tansania und Kenia beobachten. In der Kalahari sind sie quasi zum Erliegen gekommen, weil der Mensch sich mit seinen Nutztieren überall niederlässt, wo Wasser ist.

Dazu kommt, dass Gnus die Maul- und Klauenseuche übertragen können. Da nur Rindfleisch nach Europa exportiert werden darf, das unbedenklich ist, wurden in Botswana seit den 1950er-Jahren immer mehr Zäune errichtet, um die Gnus davon abzuhalten, durch die Kalahari zu wandern – und damit durch die Gebiete der kommerziellen Rinderfarmen. Infolgedessen sind die Tiere auf der Suche nach Futter und Wasser entlang ihrer natürlichen Routen zu

Hunderttausenden elendig verreckt. Nachweislich ist Botswanas Gnu-Population zwischen 1978 und 1999 von über dreihunderttausend Exemplaren auf circa vierzigtausend geschrumpft – wegen der Zäune!

Anderen Arten ist es aber nicht besser ergangen. Innerhalb der letzten siebzig Jahre haben wir neunzig Prozent der wilden Löwenpopulation verloren. Und das alles, um mehr Rindfleisch nach Europa zu exportieren. Es ergibt also gar keinen Sinn, Löwen auszuwildern, denn sie würden eh nichts zu fressen finden – bis sie damit anfangen, sich den Farmen zu nähern, und erschossen, vergiftet oder eingefangen werden. Aber über all diese Zusammenhänge wusste ich damals noch nicht Bescheid.

Meine Enttäuschung über den Streicheltourismus wich etwas, als wir am nächsten Morgen über die Farm gingen. Mikkel zeigte und erklärte uns gerade das Herzstück der Anlage, die großen Gehege, als plötzlich ein Gepard neben mir stand und sich schnurrend an mich schmiegte – er ließ sich sogar kraulen. Ich wusste damals schon, dass Geparden völlig harmlose Tiere sind, aber es ist schon etwas anderes, wenn das Tier plötzlich leibhaftig vor einem steht. Als ich mich umsah, liefen überall Paviane herum, das war schon großartig. Mikkel bemerkte meine Begeisterung und meinte, wer möchte, kann auch mal draußen bei den Tieren übernachten. Im Camp gab es eine Liste, wo ich mich eintragen konnte. Man durfte sich zu den Geparden ins Gehege legen oder zu den Pavianen – du liegst auf einer Gummimatte, und die Tiere kuscheln sich an dich oder auch nicht, und wenn man Pech hat, erledigen sie auf dir ihr Geschäft.

Abends versammelten sich alle an der Bar, und es wurde

getrunken. Die Leute wollten Selfies mit Mikkel machen oder stellten ihm komische Fragen. Ich hing abseits unter den Lampions, nippte an meinem Bier und fand es hier schon toll. Trotzdem fragte ich mich, ob mit den ganzen Tieren im Gehege wirklich etwas für den Naturschutz getan war. Ich verschob mein Urteil auf später. Erst mal gab es viel zu tun und zu erkunden.

Ich schrieb meinen Namen kurzerhand auf die Liste. Vielleicht war es ja sogar schöner, draußen unter Löwen zu schlafen als im Vierbettzimmer mit fremden Leuten. Die meisten Leute machten das wohl nur einmal – quasi als Höhepunkt des Trips –, weil es ihnen zu spartanisch war mit den Käfern und dem harten Boden. Ich trug mich kurzerhand einfach für jede Nacht bei den Babylöwen ein. Der Typ, der die Liste entgegennahm, meinte nur: «Das hältst du nie durch.»

Aber ich zog es durch. Jede Nacht schlief ich bei den Löwen und kümmerte mich um diese vier Kleinen, bis Mikkel mich irgendwann zur Seite nahm und meinte: «Willst du nicht noch etwas länger bleiben?»

Ich überlegte nicht lange. Mikkel und ich verstanden uns ausgezeichnet. Und so sprach ich auch bald Dinge an, die meiner Ansicht nach nicht ideal waren. Mir war direkt aufgefallen, dass die Gebäude, in denen man die zahlenden Gäste unterbrachte, gut in Schuss waren, die Gehege für die Tiere aber eher nicht.

Mikkel meinte: «Du, Valentin, ich sehe das genauso wie du. Ich mag diesen Streichelzoo-Charakter auch überhaupt nicht, aber Ökotourismus an sich ist doch eine super Idee.»

«Was schwebt dir vor?», fragte ich.

«Stell dir vor», sagte Mikkel, «wir würden den Leuten die Möglichkeit geben, wirklich etwas für den Naturschutz zu tun. Tieren zu helfen. Etwas über sie zu lernen.» Er und die anderen in der Gruppe hatten wohl schon länger die Idee, etwas Eigenes auf die Beine zu stellen.

«Hast du eine Ahnung, wie viel Arbeit das ist», erwiderte ich, «die ganzen Tiere, die Gehege, die Infrastruktur …?»

«Wir brauchen noch jemanden, der richtig die Sachen im Busch macht», meinte Mikkel. «Überleg doch mal, du kannst das alles: Bagger fahren, Trecker, Lastwagen. Und gut mit Tieren kannst du auch. Wärst du dabei?»

«Auf gar keinen Fall!», gab ich zurück.

Natürlich war es eine tolle Idee, aber gleichzeitig auch völlig verrückt. Klar waren wir, die die Arbeit ernster nahmen als der Rest, enttäuscht von den Umständen, dass Löwenbabys im Prinzip nur gehalten wurden, damit Leute sie streicheln oder mit ihnen Spaziergänge machen konnten. Jederzeit verfügbar, wie ein Menü auf einer Speisekarte im Restaurant. Aber so bringt man natürlich Leute ins Camp und verdient Geld. Die Frage war also: Wie konnte man es anders und besser machen und trotzdem davon leben?

Mikkel und die anderen waren gedanklich schon einige Schritte weiter. Sie hatten sich sogar bereits einen Namen ausgedacht: «Modisa» sollte das Projekt heißen. Das ist Setswana für «Schäfer» oder «Beschützer». Trotzdem rechnete ich anfangs fest damit, dass das so eine fixe Wir-sind-jetzt-im-Urlaub-Idee war, die sich zerschlagen würde, sobald alle wieder zu Hause und in ihrem Alltag waren, wie das immer so war mit Bekanntschaften auf Reisen. Und als ich wieder nach Hause geflogen war und meinen Zivildienst im Otter-

Zentrum antrat, waren von der Gruppe tatsächlich nur noch Mikkel und ich übrig. Aber die Idee hatte sich bei mir festgesetzt.

OTTER FÜTTERN

Das Tiermedizinstudium war in weite Ferne gerückt, als ich anfing, im Otter-Zentrum Hankensbüttel zu arbeiten. Aber mit Mikkel schrieb ich regelmäßig, und wir arbeiteten eifrig an einem Businessplan für unser Projekt.

Während Mikkel als Steward für die dänische Airline arbeitete und nebenher Marketing studierte, lernte ich alles über Otter, Marder und andere Raubtiere und mistete Gehege aus. In Gedanken war ich stets in Afrika. Im Internet suchte ich nach geeigneten Standorten für unser Business, nach Ländern, die friedlich waren und ausreichend naturbelassen, und Botswana kristallisierte sich als der beste Kandidat heraus.

Abends saß ich am Computer und plante, und tagsüber war ich damit beschäftigt, Mülleimer auszuleeren und Laub zu rechen. Die meiste Zeit ging aber für die Zubereitung des Futters drauf. Wir waren insgesamt acht Zivildienstleistende, wobei ich einer der Ältesten war, weil ich länger versucht hatte, mich vor dem Zivi zu drücken. Untergebracht waren wir in einem Zivi-Trakt. Während der Saison konnten wir im Restaurant essen, wo auch die Besucher aßen, meistens gab es Bratwurst und Pommes. Im Winter, wenn der Park und das Restaurant geschlossen waren, mussten die Tiere natürlich trotzdem versorgt werden, und wir kochten selbst. Dann gab es meist Tiefkühlpizza mit ordentlich Gewürzen darauf. So lief der Zivi, und ich machte das Beste daraus.

Es war eine schöne Zeit. Jeden Tag war ich bei den Dachsen, den Fischottern, Hermelinen und Steinmardern. Die Anlage lag lauschig im Wald an einem Bachlauf. Es gab mehrere Holzgebäude – den Einlass, das Restaurant, den Souvenirshop mit Postkarten, Kuscheltieren, DVDs über Otter – und einen kleinen See.

Der Tierpark betrieb mehrere Forschungsprojekte, und man versuchte, die Besucher für die Probleme der Tiere zu sensibilisieren. Das ist keine leichte Aufgabe, denn häufig haben die Menschen eher Probleme *mit* den Tieren, zum Beispiel mit Steinmardern.

Wir hatten früher auch Marder im Haus, aber eigentlich nie Stress mit den Tieren. Die Leute gaben immer gute Ratschläge, die sie sonst woher hatten, dass man Chilipaste oder Senf auf die Motorschläuche schmieren müsse oder Ultraschallgeräte in die Garage stellen. Ich dachte damals schon: Wie sinnlos ist das denn? Warum sollte das den Marder stören? Im Otter-Zentrum erzählten auf geführten Fütterungstouren die Zivildienstleistenden über die Tiere, um die Leute aufzuklären und mit solchem Hokuspokus aufzuräumen.

In ein Gehege wurden zum Beispiel Bremsschläuche von einem alten VW-Käfer gehängt, aber die Marder interessierten sich nicht dafür. Erst wenn man die Schläuche vorübergehend in ein anderes Gehege hängte und dann wieder zurückholte, zerfetzte der Marder sie wütend. Man fand heraus, dass die Marderschäden immer nur dann auftraten, wenn ein Auto über Nacht woanders geparkt worden war. Weil das Auto dann nach dem Revier eines anderen Marders roch. Der Marder macht alles kaputt, weil er sein Revier schützen und anderen Mardern zeigen will: Ich bin hier der Boss. Aber macht man eine Motorwäsche – und entfernt alle Gerüche –, kommt der Marder nicht mehr.

Derweil nahm unser Botswana-Projekt immer mehr Gestalt an. Mikkel designte ein Logo für uns, einen Leoparden auf grünem Grund, und baute eine Homepage. Außerdem meinte er, wir bräuchten unbedingt eine Facebook-Gruppe. Da er, anders als ich, nicht wirklich vorhatte auszuwandern und die ganze Organisation vor Ort an mir hing, vereinbarte ich mit meinem Zivi-Chef, dass ich ohne freie Tage durcharbeiten durfte. Nach etwas mehr als sechs Monaten war meine Pflicht getan, und ich packte meine Sachen für Botswana.

Wenn ich bei den Ottern eine Sache gelernt hatte, dann das: Ich wollte Naturschutz machen, aber ich kannte mich einfach nicht genug damit aus. Vor dieser Zeit hätte ich mir das alles zugetraut, frei nach dem Motto «Ich kann doch mit Tieren», aber mir wurde klar, dass das kein Naturschutz ist. Man braucht den Hintergrund, das Wissen, muss ein tiefes Verständnis für das Verhalten der Tiere und die größeren Zusammenhänge entwickeln. Als Kind hatte ich diesen kitschigen Gedanken, dass sich draußen in der freien Wildbahn alles miteinander verträgt. Aber durch meine Arbeit mit den Ottern wusste ich nun etwas über Revierverhalten und hatte angefangen, mir Gedanken darüber zu machen, was das eigentlich heißt, wenn wir Menschen einem Tier sein Revier streitig machen.

Denn mit Ottern ist es nicht anders als mit Löwen: Otter leben nur an Flüssen, die eine gute Wasserqualität haben, nicht begradigt worden sind und wo der Artenreichtum der

Fische hoch ist. Ändert sich ein Parameter, ändert sich alles. Und der Otter sitzt nicht mehr am Wasser und wartet.

Würden wir in Deutschland nun einen Fluss, auf dem sonst Schiffe fahren, wieder mäandern lassen, sodass an den Ufern vielfältige Vegetation wächst, zirkulierte das Wasser wieder, würde sauerstoffreicher, und die Wasserqualität würde steigen. Die Tierchen, die im Wasser leben, die kleinen Weichtiere und die Fische, würden zurückkommen. Und ganz am Ende wäre plötzlich auch der Otter wieder da.

Welche Auswirkungen Eingriffe in die Natur haben können und wie man sie rückgängig macht, das lernte ich bei den Ottern hautnah kennen. Glücklicherweise wusste ich das, bevor ich nach Botswana ging und Sirga fand. Diese erste Erfahrung mit dem Naturschutz ließ auch die Idee in mir reifen, in Botswana echten Ökotourismus anzubieten. Keinen Streichelzoo, sondern einen Ort, an dem der Besucher wirklich etwas über die Natur lernt.

BETTYS BUSINESS

Als Mikkel und ich nach Botswana flogen, kamen wir zunächst auf einem Zeltplatz unter, der Okavango River Lodge in Maun. Ich hatte mich direkt für ein paar Monate einquartiert und bei Neil, der den Laden leitete, einen Preisnachlass ausgehandelt.

Wir waren zwei junge Typen, die in ärmellosen Shirts und Militärshorts durch Maun rannten, um möglichst schnell Kontakte aufzubauen, und in Bars erzählten, dass sie ein eigenes Business mit Löwen aufbauen wollten.

Maun ist mit etwa sechzigtausend Einwohnern die größte Stadt im Norden Botswanas. Hierher kommen die Leute, die etwas mit Tourismus machen wollen. Es gibt Geschäfte und Bars, die sich an der zentralen Straße aneinanderreihen, und kleine Wellblechhütten, aus denen um die Mittagszeit heraus Essen verkauft wird, wenn die Leute aus den Büros kommen: gegrillte Maiskolben, verschiedene Eintöpfe und Pap – eine Art Grießbrei aus Maismehl, der in Afrika unglaublich viel gegessen wird.

Der Tourismus in der Gegend ist meist sehr luxuriös und teuer. Zweitausend Euro und mehr kann man schon einplanen für eine Nacht in einer Lodge im Delta. Die Touristen werden direkt nach der Ankunft am Flughafen mit einer kleinen Maschine in die Unterkünfte geflogen, man sieht in Maun also nur wenige von ihnen. In den Bars und auf den Campingplätzen um Maun tummeln sich eher Rucksacktouristen. Die Leute, die man sonst trifft, sind Einheimische und einige Auswanderer. Entweder arbeiten die im Tourismus und im Naturschutz oder für eines der vielen Geschäfte, die durch den Tourismus entstanden sind. Außerdem ist der größte Arbeitgeber in Botswana die Regierung. Deren Angestellte sind in kleinen Büroblöcken beschäftigt, zum Teil auch Office-Containern, die überall auf die Stadt verteilt sind.

Viele kommen mit großen Plänen ins Land und wollen den Einheimischen etwas über ihre Wildtiere erzählen oder wie sich die Landwirtschaft verbessern ließe – so wie Mikkel und ich auch –, und das im Brustton der Überzeugung, dass man den angeblich unwissenden Leuten vor Ort doch wertvolle Tipps geben könne. Bis sich schließlich rausstellt: Die wissen das viel besser. Natürlich sind die Menschen hier deswegen eher skeptisch, und ich denke, niemand hat uns für voll genommen.

Da an eine eigene Wohnung gar nicht zu denken war, richtete ich mich, wenn ich nicht gerade tagsüber barfuß durch die Stadt tigerte, auf dem Zeltplatz ein. Während Mikkel anfangs noch unschlüssig war, ob er auch nach Afrika ziehen würde, wurde ihm wohl zunehmend klar, dass das nicht sein Ding war. Wir beschlossen, dass er von Dänemark aus das Marketing machen sollte, während ich vor Ort im Busch lebte. Ich hätte nie in einem Büro vor einem Computer sitzen wollen, wo mich die Klimaanlage krank macht. Außerdem hatte Mikkel im Gegensatz zu mir einen festen Job und laufende Kosten.

In einer Bar lernte ich dann eines Tages Betty kennen. Sie fuhr Cabrio und wirkte sehr kompetent auf mich. Sie eröffnete mir, wenn ich weiterhin nur ein Touristenvisum hätte, dürfte ich gar kein Geld verdienen. Das war eine wertvolle Information. Wir sollten mal in ihrem Büro vorbeikommen, meinte sie, also standen Mikkel und ich tags darauf barfuß vor einem zweistöckigen Haus in Maun mit einer Satellitenschüssel an der Außenwand, auf der stand: Bettys Business Consultancy.

Das Haus hatte eine kleine Rezeption, wo man uns begrüßte, und dann gingen wir eine Treppe hoch, wo Betty direkt unter dem Dach ihren Schreibtisch hatte. Sie bat uns, Namensvorschläge für das Projekt einzureichen, und wir wählten «Modisa Wildlife Project», wobei Betty meinte, es könne gut sein, dass es ein anderer Name wird, weil über solche Dinge in Botswana allein die Behörden entschieden. Um überhaupt einer bezahlten Arbeit nachgehen zu können, benötigten wir aber diese Firma, denn ohne Firma gäbe es kein Arbeitsvisum, sagte sie noch. Anschließend legte sie uns diverse Formulare vor.

In Botswana ist das so: Die Registrierung einer Firma dauert einige Wochen oder Monate. Danach kann man das persönliche Arbeitsvisum beantragen. Man muss dann zunächst das Land verlassen und darf erst nach einem positiven Bescheid zurückkehren. Obwohl man nicht im Land sein darf, muss man aber für die ganze Zeit ein Büro mieten.

Wir warteten also, und da wir noch unser Touristenvisum hatten, mieteten wir uns ein Auto und fuhren durchs Land, um uns Farmen und Gebiete anzuschauen, die infrage kamen. Wir besichtigten etliche zehntausend-Hektar-Grundstücke, die zum Verkauf standen. Damals hatten wir Kontakt zu einem Investor, der interessiert war, etwas Land zu erwerben. Ich fand auch bald eine geeignete Farm, direkt an einem Nationalpark gelegen, aber die kostete eine satte Million US-Dollar. Letztlich sprang der Investor ab, und diese Gelegenheit löste sich in Luft auf.

Als das Touristenvisum abgelaufen war, musste ich Botswana ernüchtert verlassen. Um die Zeit sinnvoll zu überbrücken, absolvierte ich mehrere Weiterbildungen im benachbarten Südafrika. Einen Rangerkurs. Einen Kurs im Spurenlesen. Und eine Ausbildung zum professionellen Guide, also Naturführer. Ich konnte es mir leisten, weil ich noch Rücklagen aus Kanada hatte, außerdem wollte ich bestmöglich vorbereitet sein. Anders als in Namibia, wo ich wenig gelernt hatte, abgesehen von Autofahren im Busch. Im Gegensatz zu meiner Schulzeit machte das Lernen echt Spaß, und ich sog das Wissen über das Land, Flora und Fauna auf wie ein Schwamm. Endlich erfüllte ich mir meinen Kindheitstraum und lernte viel über die Wettersysteme, die das südliche Afrika beeinflussen, wie geografische Lage und Geologie die Vegetation bestimmen, wie Ökosysteme entstehen und welche Tierarten in ihnen leben.

Der Kurs im Spurenlesen war auch sehr spannend. Es ging nicht einfach darum, Tatzen- oder Hufabdrücke zu identifizieren. Man stellte Fragen wie: Was hat an diesem Blatt geknabbert? Wieso saß dieses Tier neben jenem Baum? Zu welcher Tages- oder Nachtzeit ist es hier vorbeigekommen? Wo wollte es hin und mit welcher Absicht? Es ging darum, das Verhalten der Tiere in freier Wildbahn so genau und detailliert wie möglich zu verstehen. Je besser man darin wird, umso mehr öffnet sich die Landschaft wie ein Buch. Das kann manchmal spannender sein als eine direkte Begegnung mit dem Tier. Man kann Dinge und Verhaltensweisen beobachten, die man vom Geländewagen, zwischen dem Tuckern des Dieselmotors und Klicken der Auslöser unzähliger Kameras, wohl kaum sieht, denn es wäre eine Illusion zu glauben, wir stören die Tiere nicht, wenn wir neben ihnen herfahren. Ich lernte, wie man die Territorien der Tiere so managen kann, dass sie trotz der Anwesenheit von Menschen weiterhin bestehen können.

Vier Monate war ich in Südafrika, und als die Mail kam, dass ich zurückdurfte, kannte ich jeden Vogel und jeden Strauch mit Namen. Ich fühlte mich mehr als bereit. Ich packte abermals meinen Rucksack und setzte mich in Johannesburg ins nächste Flugzeug nach Botswana.

HOUSESITTER

Ich hielt mich mit Gelegenheitsjobs über Wasser, im wahrsten Sinne des Wortes: Ich half auf Safaris aus und steuerte Boote mit Touristen im Okavangodelta. Der Okavango fließt von Angola über Namibia nach Botswana, wo er im Okavangobecken ein riesiges Delta formt. Mit gut zwanzigtausend Quadratkilometern ist es größer als Sachsen-Anhalt. Dieses weltgrößte Binnendelta und UNESCO-Weltnaturerbe ist atemberaubend. Die weite Sumpflandschaft ist durchsetzt von unzähligen kleinen, mit Palmen bestandenen Inseln, und an den Flussufern stehen gewaltige Bäume. Es ist nicht nur die Heimat von Afrikas größter Elefantenpopulation, sondern dort leben auch Hunderte Vogelarten, etliche Nilpferde und natürlich Krokodile sowie Antilopen, Büffelherden, Zebras, Affen und Raubtiere.

Ich lebte weiterhin auf dem Zeltplatz, aber der Wunsch, endlich etwas Eigenes auf die Beine zu stellen, wurde immer stärker. Nur benötigte ich dafür immer noch einen geeigneten Ort. Eines Tages kam Neil, der Besitzer der Lodge, und meinte: «Valentin, ich werde für ein paar Tage verreisen. Hättest du Lust, auf mein Haus aufzupassen?»

Das Haus war ein einstöckiger umgebauter Stall. Davor waren ein paar Blumenbeete und dahinter eine Wiese mit großen Bäumen, die bis zum Fluss hinabreichte. Es gab eine kleine Veranda mit Grillplatz und einen großen Fernseher im Wohnzimmer – den ich aber nie benutzte, weil ich es einfach nicht gewohnt war, einen zu haben. Überall standen Bücherregale, außerdem hatte Neil Hunde und Katzen, die ich versorgen musste – dafür gab es im Kühlschrank jede Menge kühles Bier. Ich wusste nicht, wann ich das letzte Mal so komfortabel gewohnt hatte. Es musste Jahre her gewesen sein.

Undankbar, wie ich war, hielt ich mich die meiste Zeit draußen auf. Die Natur am Fluss war so schön, da wollte ich gar nicht im Haus sein. Die Vegetation in Maun ist überwiegend relativ buschig und trocken; je näher man jedoch den Flüssen kommt, desto üppiger wird der Bewuchs, und es entsteht das, was man einen *riverine forest*, also Flusswald, nennt.

Die ansonsten trockene Halbwüste der Kalahari explodiert dann förmlich entlang der Flussläufe des Okavangodeltas. Es gibt riesige Bäume, die sich über das Wasser neigen, und dicke Kriechpflanzen ranken hoch bis in die Kronen dieser urigen Riesen. Es fühlt sich plötzlich an wie in einem Regenwald, und Hunderte verschiedene Vögel zwitschern durcheinander. Man sieht Eisvögel beim Fischen, Fischadler, die in den Baumkronen Ausschau halten, und in den Gärten der Anwesen nahe am Fluss stehen Zitronenbäume auf dem grünen Rasen. Oft ist auch ein Pool dabei, denn der Fluss hat zwar gutes Wasser, aber mit Krokodilen und Nilpferden baden ist keine gute Idee.

Tagsüber lief ich über die staubigen Straßen, versuchte weiter, Leute in Maun kennenzulernen, und schaute mir Immobilien an, die interessant waren. Aber seit unser Investor abgesprungen war, hatten wir keine Ahnung, wie wir unser Vorhaben finanzieren sollten.

So lief ich mir unter der Woche die Füße wund, und am Wochenende war meist ordentlich Fete in der Lodge. Abends saß ich bei Neil an der Bar, der Tresen war ein längs aufgeschnittener Feigenbaum. Ich aß Pommes und schaute den Krokodilen zu, die auf dem Fluss vorbeitrieben. Neil war zwar gebürtig aus Botswana, seine Familie hatte aber ursprünglich englische Wurzeln, wie viele hier, denn Botswana war bis 1966 ein britisches Protektorat. In den Restaurants und Bars bekommt man Burger, Fish & Chips und all diese Sachen, die man aus Europa kennt.

Wenn ich Jobs annahm, stellte man nicht mich, sondern meine Firma an. Sonst hätte ich hier gar nicht arbeiten dürfen. Botswana ist auf Touristen und ihr Geld angewiesen, und wichtig ist den Behörden auch, dass Ausländer Einheimische anstellen. Ich bekam das Maximum, eine Aufenthalts- und Arbeitsgenehmigung für fünf Jahre.

Von Zeit zu Zeit lieh ich mir etwas Geld von meinen Eltern und ging weiter in Bars, um jemanden zu finden, der sich finanziell einbrachte. Botswana ist anderthalbmal so groß wie Deutschland, hat aber nur zwei Millionen Einwohner, was bedeutet, jeder kennt wirklich jeden. Und so geschah es, dass mir jemand unverhofft eine Nummer in die Hand drückte und meinte: «Willie hat eine Farm, draußen in Ghanzi. Frag den doch mal.»

SIRGA

Willie De Graaf besaß ein privates Wildgebiet im Norden der Kalahari samt einer Lodge und Touristen, die auf Safari rausfuhren, wie man es aus dem Fernsehen kennt. Willie ist ein groß gewachsener älterer Mann, und man sieht ihm an, dass er viel erlebt hat. Er wurde in der Kalahari geboren, und seine Familie, mit Wurzeln in den Niederlanden, lebt schon seit vielen Generationen in Afrika. Neben seiner Muttersprache, Afrikaans, spricht Willie auch gleich mehrere der Klicksprachen der San oder «Buschmänner», wie man früher sagte. Die Kultur der Ureinwohner ist heute stark bedroht. Willie ist mit diesen Menschen aufgewachsen und setzt sich für sie ein. Auf der Lodge können viele von ihnen ihre Traditionen pflegen und den Gästen vermitteln. Auf seinen gigantischen Rinderfarmen gibt Willie ihnen Arbeit und gleichzeitig ein festes Zuhause. Ich glaube, wenn Willie keine anderen Verpflichtungen hätte, würde er am liebsten einfach mit den San irgendwo in der Kalahari zwischen seinen Kühen am Lagerfeuer sitzen und Geschichten erzählen. Er wurde für mich eine Art Mentor, und ich lernte viel von ihm und den San, zum Beispiel über das Spurenlesen.

Willie meinte Jahre später einmal lachend zu mir: «Als ich dich zum ersten Mal traf, musste ich dir einfach eine Chance geben. Du warst ja völlig abgemagert, hattest Löcher in den Klamotten – und nicht mal Schuhe an.»

Auf seinen Rinderfarmen hatte Willie naturgemäß ein

Problem mit Raubtieren, die er nicht schießen wollte, und deswegen gab es auf dem Gelände eine Auffangstation. Die Besitzer von Wildgebieten können selbst entscheiden, wie sie das Gelände nutzen, zum Beispiel zur Rinderzucht. Man kann sich aber auch dazu entscheiden, die Natur sich selbst zu überlassen oder sogar eine existierende Rinderfarm wieder zu «renaturieren». Meist ist so eine Farm um die zehntausend Hektar groß. Damit es legal ist, muss man einen Wildzaun um das Gelände ziehen, denn die Nachbarn wollen keine Gnuherde bei sich sehen, die den Rindern das Gras wegfrisst. Nach erfolgreicher Abnahme gehören die wilden Huftiere in dem Gebiet dem Besitzer, der sich fortan um die Bestände kümmern muss. Raubtiere darf man in der Regel nicht ansiedeln, die liegen in der Verantwortung des Staates. Es sei denn, man verstärkt den Zaun so, dass sie nicht rauskönnen, dann ist es möglich, sie in einer Auffangstation oder frei in seinem Wildgebiet zu halten.

Willie hatte hier eine solche Auffangstation für Problemtiere im Herzen seines Wildgebietes in der Nähe der Lodge. Die Anlage war sehr weitläufig, ganz anders, als man das zum Beispiel aus europäischen Zoos kennt. Jedes Gehege war etwa sechs Hektar groß. Das entspricht etwa sechs Fußballfeldern. Die Idee war, die Tiere dort vorübergehend zu halten, bis die Regierung eine passende Gegend fand, um sie umzusiedeln. Weil das, wie bereits erwähnt, nicht so einfach ist, verbringen viele der Tiere ihr gesamtes Leben dort. Und obwohl das nicht erwünscht war, bekamen die Tiere dann und wann auch mal Nachwuchs.

In Willies Auffangstation gab es damals, als ich ankam, vierunddreißig Löwen, zwei Leoparden und einige Wildhunde. Mein Job war die Versorgung der Tiere, außerdem musste ich dafür Sorge tragen, dass sie sich nicht vermehrten. Wir hatten eine Vereinbarung, dass ich den Zeltplatz als mein eigenes Camp nutzen und Gäste bewirten durfte, im Gegenzug aber Miete zahlen und die Tierarztkosten übernehmen musste.

Ich hatte damals noch nicht viel, nur einige Zelte und einen Kühlschrank, der an meiner Autobatterie lief. Es war noch nicht das, was ich wollte, aber es war eine Chance. Willie meinte irgendwann, er habe zwei Schiffscontainer in der Nähe stehen, und wenn ich sie selbst abholte, dürfte ich sie haben. Also suchte ich mir eine Transportfirma, brachte die Container zum Zeltplatz und baute sie für meine Zwecke um.

Meine Zukunft sah ich damals nicht auf Willies Farm, aber es war eine Möglichkeit, mein Business zu starten und endlich Geld zu verdienen. Obwohl mir nach Namibia die Sache mit Tieren in Gefangenschaft nicht mehr passte, muss ich trotzdem sagen, dass für mich eine unglaubliche Faszination davon ausging, so nah mit diesen Tieren zu arbeiten. Und wenigstens wurden sie hier nicht gestreichelt. Das Wohlergehen der Tiere lag mir am Herzen. Außerdem musste ich die Situation mit dem Nachwuchs unter Kontrolle bringen. Vor ein paar Tagen erst hatte eine Löwin ein Junges zur Welt gebracht.

Vormittags war ich für Besorgungen unterwegs und kümmerte mich um meine eigenen Gäste, nachmittags fütterte ich die Raubtiere, ging jagen und schlachten. Ich musste darauf achten, meine Besucher nie allein zu lassen, denn es konnte durchaus mal passieren, dass ein Leopard durchs Camp streifte.

Ich konnte zum ersten Mal mein eigenes Ding machen und war mein eigener Chef. Das war schon toll. Willie hatte einen Traktor mit Anhänger, den ich oft auslieh, denn die Bewirtschaftung der riesigen Gehege war aufwendig.

Nach meinen Kursen in Südafrika war mir jetzt klar, was ich anders machen wollte. In Namibia hatte es mich gestört, dass die Touristen mit der Illusion nach Hause fuhren, wirklich etwas für den Naturschutz getan zu haben. Man kann es ihnen natürlich nicht vorwerfen. Woher sollten sie es denn besser wissen? Ich wollte also ein Programm aufziehen, wo Besucher wirklich etwas über die Natur lernten, über die verschwundenen Gnuherden, die Zäune und welche Rolle Europa spielt. Dass wir aus dem reichen Norden Teil des Problems sind, dass die Löwen in Afrika verschwinden. Und Löwen zu retten, zu züchten und auszuwildern ist zwar gut gemeint und kann im Einzelfall auch funktionieren, aber es ist nicht die Lösung, um die Löwenpopulation dauerhaft zu erhöhen und zu stabilisieren. Sehr anschaulich waren in dem Zusammenhang natürlich unsere Löwen in den Gehegen, für die es einfach keine Wildnis mehr gab. Anstatt die Tiere zu streicheln, halfen meine Gäste, zu schlachten und die Löwen zu füttern.

Mikkel kümmerte sich derweil ums Marketing für unser bescheidenes Camp. Das meiste Geld – das mir mein Vater als vorgezogenes Erbe geliehen hatte – ging für die Zelte drauf, denn die sind teuer. Eines kostet um die fünfhundert Euro, und wir brauchten ein Dutzend. Und eine Solaranlage, die kostete damals zehntausend Euro.

Einmal war ich gerade beim Einkaufen in Maun, im Ackermans, einem Laden, der bis unter die Decke mit Klamotten und Flipflops vollgestopft ist. Ich kaufte Decken, Matratzen und Kissen für die bald eintreffenden Gäste – keine regulären Kunden, sondern «Tester» von einer Booking-Agentur, die sehen wollten, wie es mit uns so lief. Da ging die Tür auf, und Willie kam herein.

Er schaute ernst und meinte: «Valentin, was machst du hier, warum bist du nicht unten bei den Löwen?»

«Was ist denn los, gibt es ein Problem?»

«Und ob. Ich dachte, du wüsstest Bescheid. Mehrere Gäste sind ganz aufgeregt zu mir gekommen. Sie meinten, das Löwenbaby wäre weg. Ich dachte, du würdest dich schon drum kümmern.»

Mit «Gästen» meinte er natürlich *seine* Gäste, die teuren von der Lodge, nicht meine anspruchslosen Rucksacktouristen.

Ich sprang direkt ins Auto und stieg voll aufs Gas.

Normalerweise, also in der freien Natur, versteckt die Mutter ihren Nachwuchs für einige Wochen vor dem Rudel, bis die Kleinen etwas stärker geworden sind. Löwinnen sind nur sehr kurz schwanger, etwa vier Monate, damit sie schnell wieder jagen können, und dementsprechend hilflos kommen die Kleinen zur Welt. Aus dem Gehege kam sie mit ihrem Jungen natürlich nicht raus, also war das Baby wohl oder übel dem etwas brutalen Spiel seiner Artgenossen ausgesetzt. Es passiert schnell, dass so ein Zwei-Kilo-Bündel von einem Zweihundert-Kilo-Löwen tot gespielt wird.

Als ich ankam, versuchte ich mir am Zaun ein Bild von der Lage zu machen, konnte aber kaum etwas sehen. Ein totes Löwenbaby erspähte ich nicht, wobei dann auch schnell Geier in der Luft kreisen, wenn es etwas zu holen gibt.

Der Manager der Lodge war ebenfalls ziemlich aufgebracht und meinte zu mir: «Valentin, kannst du nicht mal nachsehen gehen?» Ich fuhr mit dem Auto durch die Tore in die riesigen Anlagen. Natürlich musste man höllisch aufpassen, wenn man sich im Gehege aufhielt, aber tagsüber sind Löwen echt faul. Die Tiere liegen im Schatten, die Pfoten nach oben gedreht, und dann können sie ihr Körpergewicht gar nicht so schnell hochdrücken, um einen Eindringling anzugreifen. Sie sind sehr entspannt und schlafen meist auch fest. Vielleicht schaut mal einer mürrisch hoch, aber dabei bleibt es dann auch.

Hat aber eine Löwin Junge, ist es normal, dass sie angeschossen kommt, sobald man sich den Kleinen nähert. Ich fand das Neugeborene, ein Mädchen, recht bald unter einem Busch. Es sah ziemlich mitgenommen aus. Die Mutter juckte meine Anwesenheit in diesem Fall offenbar überhaupt nicht. Hatte sie einfach vergessen, dass dort ihr Junges lag?

Der Tierarzt meinte, ich solle darauf achten, ob die Haut schön weich war oder, wenn man so will, «stehen blieb», wenn man hineinkniff. Daran kann man erkennen, wie dehydriert das Tier ist. Ich ging ganz vorsichtig heran und berührte es, und die Haut war trocken. Die Mutter hatte es allein gelassen und die Versorgung eingestellt. Aber es war am Leben.

Die Augen waren noch ganz blau, weil Löwenbabys ihre Augen erst nach zehn bis vierzehn Tagen öffnen. Ich nahm es vorsichtig auf den Arm und trug es zum Auto.

KOCHSAHNE

Ehrlich gesagt hatte ich wegen der Namibia-Erfahrung überhaupt keine Lust mehr auf diese Löwenaufzuchtgeschichte. Aber liegen lassen konnte ich das Löwenmädchen natürlich auch nicht, das hätte ihren Tod bedeutet. Der Manager fuhr uns aus dem Gehege, ich saß mit der Löwin im Arm auf dem Beifahrersitz. Von der kurzen Fahrt bekam ich gar nichts mit, so fixiert war ich auf das Tier.

Ich sagte allen, ich würde mich allein um sie kümmern. Sie benötigte dringend Ruhe, denn sie bewegte sich nicht und wog gerade einmal zweieinhalb Kilo. Keine guten Voraussetzungen. Normalerweise kratzt so ein kleiner Löwe nämlich sofort los, wenn man ihn anfasst, und beißt um sich, gerade wenn er noch nicht sehen kann. Mir wäre das deutlich lieber gewesen, dann hätte ich wenigstens gewusst, dass es ihr gut geht.

Ich brachte sie erst mal in mein Zelt. Während ich dieses hilflose Geschöpf betrachtete, musste ich unwillkürlich an den Film denken, den mir meine Mutter gezeigt hatte, als ich ein Kind war. Die Geschichte von dem Jungen und dem Löwenbaby. Also gab ich dem Fellbündel den Namen Sirga. Ich hatte solche Angst, dass sie gleich stirbt. Stress merkt man dem Tier nicht unbedingt an – das passiert innerlich. Sie sollte einfach wegkommen von den Leuten, vom Auto, von den vielen Geräuschen, die ihr sicher große Angst machten. Ich legte sie neben meinem Bett in einen Karton, dort hatte sie es warm und ruhig, und ich dachte: Mit kleinen Löwen hast du zwar Erfahrung, aber im Zelt hattest du auch noch keinen.

Mein Zelt stand auf einer Holzplattform, sechs mal drei Meter groß, weil es ein Luxus ist, in der Wüste vom Sand wegzukommen. Der Sand ist hier so weich und fein, dass man nichts draufstellen kann, weil es nicht hält. Dazu kommen die Mäuse, die ihre Tunnel darunter graben und mitunter sogar kleine Löcher in den Zeltboden nagen. Außerdem würde ein so großes Zelt einfach weggeweht, wenn es nicht ordentlich fixiert ist.

Sirga war so klein, sie passte damals wirklich in einen Karton. Eigentlich wollte ich sie nicht an menschliche Behausungen gewöhnen, sie sollte eine wilde Löwin bleiben, aber es ging ihr so schlecht, dass ich davon ausging, dass ich mich sowieso die ganze Zeit um sie kümmern würde. Die Fenster vorne zur Veranda waren immer offen, weil alle Reißverschlüsse nach ein paar Wochen durch den feinen Sand kaputtgehen. Nur da, wo mein Schreibtisch und mein Bett standen, waren die Fenster richtig zu, damit es nicht reinregnete – und ich wollte nicht, dass Sirga Zug abbekam. Ich nahm mir vor, ihr das bestmögliche Leben unter diesen Umständen zu bieten und immer nach ihr zu schauen. Sie sollte kein Spielzeug für Touristen werden.

Ich versuchte direkt, sie zu füttern. Sie konnte aber nicht mal nuckeln, so schwach war sie. Wenn man einem kleinen Löwen den Finger ins Maul steckt, fängt der normalerweise sofort an, daran zu saugen, einfach aus Instinkt. Aber Sirga reagierte nicht, sie nahm nicht mal Milch aus der Flasche. Ich lief wieder zurück zur Lodge und rief den Tierarzt in Maun an, aber auch er hatte einen solchen Fall noch nie gehabt. Gemeinsam durchforsteten wir also das Internet.

Wenn es um Hauskatzen oder Hunde geht, findet man online wirklich alles. Aber Tipps zur Löwenpflege? Fehlanzeige. Man konnte auch nirgends fertiges Milchpulver kaufen. Am Ende kreierten wir ein eigenes Rezept, eine Mixtur aus Eigelb, Kochsahne, Vollmilch, Sonnenblumenöl, Kalzium und Vitaminen. Der Tierarzt meinte, das könnte funktionieren.

Doch leider sprang Sirga auch darauf nicht an. Ich rief also wieder den Tierarzt an: «Hey, der Löwe nimmt das Zeug immer noch nicht. Was soll ich machen?»

«Nimm den Tropf, den ich dir mitgegeben habe. Aber die Nadel kommt nicht in die Vene, sondern direkt unter die Haut.»

Na toll. Ich saß also kurze Zeit später in meinem Zelt, die kleine, völlig erschöpfte Sirga neben mir, und die Nadel war so verdammt lang, die hätte einmal durch den ganzen Löwen gepasst.

«Du musst sie wirklich unter die Haut stecken, einfach rein», hatte der Tierarzt gesagt. «Das geht langsam, aber es funktioniert ohne viel Risiko.»

«Die ist so lang. Ich will das nicht falsch machen!»

«Valentin. Falsch machen wäre, nichts zu machen. Das ist zwar ziemlicher Stress jetzt, aber rein damit und den Beutel mit der Flüssigkeit richtig drücken. Nicht so tröpfchenweise reinlaufen lassen. Richtig reindrücken in das Tier.»

Also sammelte ich mich kurz und schob dann die Nadel einfach in diesen kleinen Körper. Ich drückte den Beutel fest zusammen, damit ordentlich was unter die Haut kam. Und dann konnte ich richtig sehen, wie die Flüssigkeit die Haut wie ein Ei nach außen drückte und eine Kugel formte. Ganz langsam begann der Organismus, die Nahrung aufzunehmen.

Und irgendwann stand Sirga tatsächlich auf und versuchte, ein paar Schritte zu laufen. Aber weil sie das ganze Gewicht von der Injektion auf einer Seite hatte, konnte sie nur schief gehen. Ich verabreichte ihr dann kurzerhand auf der anderen Seite auch noch eine Portion, und plötzlich lief sie gerade. Und nach zwanzig Minuten nahm sie dann auch die Flasche. Ich saß in meinem Zelt, ein Löwenbaby im Arm, das ich mit der Flasche fütterte, und war unfassbar erleichtert.

Aber um zu verhindern, dass sich so ein Drama wiederholte, hinderten wir die Löwinnen fortan mit Hormon-Implantaten daran, sich weiter zu vermehren.

ERSTE SCHRITTE

Viele Menschen fragen mich, was ich für Sirga bin. Die Antwort ist: Ich weiß es selbst nicht genau. Tiere sind jedenfalls viel schlauer, als wir es ihnen zugestehen. Ich glaube nicht, dass Sirga denkt, ich wäre ihre Mama. Vielleicht sieht sie mich als ihren besten Kumpel und weiß: Wenn der kommt, darf ich aus dem Gehege, und mir geht es gut.

Was sicher ist: Ein wildes Tier lässt sich nicht zähmen. Das ist etwas anderes, als einen Hund zu haben oder eine Katze. Unseren Haustieren haben wir die Instinkte weitestgehend weggezüchtet. Dass eine Kuh vor dem Schlachthaus Schlange steht, während den anderen die Kehle durchgeschnitten wird, das ist nicht normal. Bei Löwen ist das erst mal kein Problem, wenn die klein sind und mit der Flasche aufgezogen werden. Aber sobald sie größer werden, steigt das Risiko.

Nehmen wir zum Vergleich eine dicke Perserkatze, die den ganzen Tag auf ihrem Kissen liegt, noch nie in ihrem Leben draußen war und exzellentes Dosenfutter frisst. Was passiert, wenn man diese verwöhnte, übergewichtige Katze vom Kissen runtersetzt und ihr eine Maus zeigt? Sie wird das Dosenfutter stehen lassen. Vielleicht hat sie nie eine Maus gesehen, aber ihre Instinkte werden dafür sorgen, dass sie hinterherstürzt.

Man muss das einfach wissen und verstehen, dass sie diese Maus jagen wird, komme, was wolle. Und wahrscheinlich geht die ungeübte Katze leer aus, aber es geht erst mal nicht um Fleisch und Blut, wenn Katzen jagen. Es geht um die Beute und die Art, wie sie sich bewegt. Und so ist das auch bei Löwen. Dieser Instinkt lässt sich einem wilden Tier nicht austreiben. Mit diesem Risiko und dieser Gefahr muss man leben.

Sirga sollte, den Umständen entsprechend, einfach Löwin sein dürfen. Sie sollte sich nicht an menschliche Sachen wie ein Zelt oder ein Auto gewöhnen. Wirklich unberechenbar wird es, wenn man ein solches Raubtier aus seinem natürlichen Lebensraum entfernt und ins Wohnzimmer oder in den Zirkus steckt. Ein Löwe gehört in eine natürliche Umgebung, wo er seine Instinkte ausleben kann – also sich an Beute anschleichen und jagen darf.

Löwen haben instinktiv unglaubliche Angst vor Dingen, Gebäuden und Formen, die in der Natur nicht vorkommen. Rechte Winkel zum Beispiel. Ich versuchte also, sie nicht weiter in meine Welt hineinzuziehen, sondern mich auf ihre einzulassen, dem Tier zu folgen, statt es als Haustier zu halten. So sinkt das spätere Risiko deutlich. Ein Löwe, der unsere Welt nicht kennt und dementsprechend fürchtet, rennt beispielsweise nicht in ein Haus hinein oder springt auf ein Auto drauf. Ich habe nicht mal Autoreifen ins Gehege gehängt, obwohl das ein schönes Spielzeug gewesen wäre, aber dann hätte Sirga die Scheu davor verloren.

Sie trank bald regelmäßig Milch, was sich aber zu einem Riesentheater entwickelte. Zum Trinken brauchte sie immer eine volle Stunde, und noch mal so lange benötigte ich für die Vorbereitung der Milch. Da sie alle zwei Stunden Hunger hatte, auch nachts, wurde das schnell ein Vollzeitjob. Im

Grunde genommen war ich rund um die Uhr damit beschäftigt zu füttern. Zwischendrin schlief ich vor lauter Erschöpfung einfach im Sitzen ein; es war in den ersten Wochen unglaublich stressig.

Wenigstens hatte ich zu der Zeit keine Gäste im Camp, es fiel also sonst nicht viel Arbeit an. Ich konnte mich vollständig auf Sirga konzentrieren. Ich wurde zwar immer müder, aber irgendwann hatte ich den Dreh raus. Es war zum Beispiel viel besser, regelmäßig kleine Mahlzeiten zu geben, anstatt zu versuchen, möglichst viel in den Löwen reinzudrücken, um eine Weile seine Ruhe zu haben. Denn wenn sich das Tier verschluckt und diesen Milch-Mix einatmet – er enthielt unter anderem rohes Eigelb und Vollmilch –, dann kann es schnell zu Entzündungen kommen.

Also machte ich mir einen Plan und protokollierte, was ich tat. So detailliert wie möglich trug ich alles in ein kleines Notizbuch ein. Zeile für Zeile. Was, wie viel, wann und wo. Ob sie groß gemacht oder nur gepinkelt hat. Wie ihre Hinterlassenschaft aussah, welche Konsistenz sie hatte.

Junge Tiere müssen pro Tag circa zehn Prozent ihres Körpergewichts konsumieren. Also wog ich Sirga regelmäßig auf einer Küchenwaage, damit ich wusste, wie viel sie fressen musste, um zu Kräften zu kommen. Ganz am Anfang musste ich zusätzlich zu jeder Mahlzeit mit ihr das Geschäft machen. Das tun kleine Löwen nicht von allein, das hat die Natur so eingerichtet. In der Natur würde das die Mutter sofort ablecken, weil Löwenbabys in der Wildnis nie in ihr Nest machen, das würden andere Raubtiere sofort riechen.

Das heißt, die Kleinen kacken automatisch, wenn die

Mutter kommt und anfängt, den Jungen den Hintern abzulecken – völlig irre. Hätte ich das nicht gewusst, wäre das Tier im Zweifelsfall einfach gestorben.

Das bedeutete für mich, mit dem Lappen drüberzugehen, das gehörte zu jeder Fütterung dazu. Erst füttern, dann auf den Arm nehmen, kurz klopfen, bis Luft rauskommt, und anschließend mit dem feuchten, warmen Lappen den Hintern abwischen – und sofort ließ sie alles raus. Wenn das alles ordentlich aussah, lobte ich Sirga und notierte Farbe und Beschaffenheit. Dafür, dass ich keine echte Löwenmama war, lief es wirklich super.

Wenn so ein kleiner Löwe gerade nicht frisst, schläft er. Die meiste Zeit lag Sirga also schlummernd im Zelt. In der Wildnis liegen die Tiere auch hauptsächlich im Busch rum, weil die Mutter sie versteckt, bevor sie jagen geht. Und klar, wenn sie da ist, wollen die Kleinen trinken und hauen etwas auf der Mutter rum, aber die ersten Tage und Wochen passiert kaum etwas. Das geht erst los, wenn die Tiere etwa einen Monat alt sind. Nach einer Weile konnte ich dann auch wieder mehr schlafen.

Wenn Sirga nicht schlief, stand sie die ersten Tage ungläubig im Zelt oder wackelte ein wenig raus auf die Veranda. Sie bewegte sich nie weit weg und klebte schon wie eine Klette an mir. Ein wenig abseits zimmerte ich ein kleines Gehege, vielleicht zwanzig mal zehn Meter, setzte kleine Bäume rein, grub ein Wasserloch. Damit sie sich nicht zu sehr an das Zelt gewöhnte, schaffte ich ihr einen sicheren Garten.

Vorsichtig begann sie, ihr Revier zu entdecken. Im Internet stehen Dinge wie «Valentin hat ihr das Jagen beigebracht». Das ist natürlich Quatsch. Wie sollte das gehen?

ERSTE SCHRITTE

Indem ich auf eine Antilope sprang und das Vieh auseinanderriß, während Sirga zuschaute? Nein, das musste sie ganz allein lernen.

KRALLEN

Anfangs war Sirga noch ein lustiger Fellball, der putzig durch die Gegend kullerte, eine richtige Katze halt. Meist wirft eine Löwenmutter mehr als ein Junges, wodurch die kleinen Löwen viel Zeit miteinander verbringen. Das war etwas, das ich nicht ersetzen konnte. Wenn ich sehe, was Löwen untereinander machen, war klar, dass ich Grenzen setzen musste, dass Sirga mit mir nicht so spielen konnte, wie sie es mit ihren Geschwistern getan hätte.

Kleine Löwen springen auf Papa Löwe rum, aber wenn es zu heftig wird und sie ihm die Nase zerkratzen, dann klebt er ihnen eine, dass sie meterweit in den Busch fliegen. Das machte ich natürlich nie, aber ich konnte sie auf Wörter wie «Nein» und «Hör auf!» konditionieren. Sie merkt am Ton meiner Stimme, wenn Schluss ist. Manchmal klopfe ich auch von oben auf die Tatzen, damit sie die Krallen einzieht. Sie guckt mich dann beleidigt an, aber fügt sich.

Bis jetzt hat sie mir einmal eine Rippe angeknackst, und zweimal musste ich genäht werden. Außerdem bekam ich Blumenkohlohren, wie sie Boxer und Rugbyspieler haben. An meinem linken Ohr ist der Knorpel richtig kaputt und komisch verwachsen. Als meine Mutter das bemerkte, fragte sie ganz erschrocken: «Was ist mit deinem Ohr passiert, Valentin?» Ich zuckte nur mit den Schultern und meinte: «Da reibt die Sirga immer ihren Kopf an mir.» Ich glaube, sie war etwas beunruhigt.

In meiner Kindheit mit einer unserer handaufgezogenen Krähen.

Baby Sirga glücklich beim Spielen. Damals hat sie noch oft die Krallen benutzt.

Der Blick über Sirgas 2000 Hektar in der Regenzeit mit einer der Feuerschneisen rechts im Bild.

Ein Soldat der Anti-Poaching Unit ist dabei, dem gewilderten Gepard die Fesseln zu entfernen.

Sirga umarmt mich jedes Mal zur Begrüßung. Hier sieht man schön, was für eine stattliche Löwin sie geworden ist.

Zusammen auf der Jagd – die Elenantilopen hatten uns überrascht, und Sirga hatte keine Chance mehr, sie zu fangen.

Sirga beim Spielen – man sieht noch den Kratzer am Kopf, den sie sich damals eingefangen hatte.

Sirga sorgt dafür, dass ich ihr Fütterungstagebuch ordentlich ausfülle.

Sirga in den ersten Tagen; sie war damals noch sehr schwach.

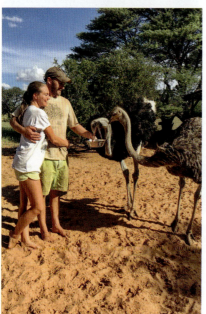

(im Uhrzeigersinn von oben links) Mit einem Ohrengeier, der von Wissenschaftlern beringt und mit einem kleinen GPS-Sender ausgestattet wurde.

Fütterungszeit für Sirga vor meinem ersten Zelt.

Sarah und ich beim Füttern unserer handaufgezogenen Strauße.

Sirga beim Umzug. Sie macht große Augen angesichts der Neonreklame an der Tankstelle.

Unser Zuhause von oben. Unten links im Bild sieht man die Ecke von Sirgas Gebiet mit den Solarzellen, die den Strom für den 20-Kilometer-Zaun erzeugen.

Einer der besten Tage – Sirga und ich nach dem ersten Spaziergang in ihrem eigenen Gebiet.

Mark und ich sind dabei, mit Hilfe der Angestellten Obelix zu fangen und zu verladen.

Ach ja, und einmal kratzte Sirga mir über den Kopf. Nicht mit Absicht. Ihre Kralle ist an meinem Cap hängen geblieben, und dann hat sie die Tatze einfach weggezogen, aber die Kralle hing noch fest. Wir hatten zufällig einen Typen im Camp, der mal beim Militär war. Der rasierte mir den Kopf und klammerte die Wunde. Das ging nicht anders, denn sie war vier Zentimeter weit offen.

Seitdem gehe ich zum Beispiel nicht mehr morgens in ihr Gehege, wenn es noch kalt ist. Dann hat Sirga zu viel Kraft, da gehe ich kaputt. Wenn es heiß ist, sind Löwen einfach träger.

Anfangs rannte sie sowieso allem hinterher, wog vielleicht zehn, zwanzig Kilogramm, und ich musste echt aufpassen. Sah sie eine Giraffe, musste sie gleich los. Und in dem Alter genießen Löwen das richtig, wenn alle Tiere vor ihnen wegrennen, obwohl sie selbst noch so klein sind. Man muss aber auch saumäßig aufpassen, sonst dreht sich so ein Tier um und tritt den Löwen platt. Dementsprechend ist die Überlebensrate für kleine Löwen in freier Wildbahn unglaublich schlecht. In der Kalahari schaffen es bestimmt nicht mal zehn Prozent. Die Bedingungen sind für die Tiere unglaublich hart.

Wir gingen immer tagsüber spazieren, wenn die meisten Antilopen eher ruhig sind und die Raubtiere im Schatten liegen, und ich passte natürlich gut auf. Nachts, wenn der Busch gefährlich wird, waren wir im sicheren Camp.

Weil Sirga, wieder ganz Katze, so auf meine Schnürsenkel abging, lief ich bald nur noch barfuß durch den Busch. Was den Vorteil hatte, dass Sirga, wenn wir im Busch Jagen übten, nicht immer alle Tiere wegsprangen, weil ich hinter ihr

– knacks! – mit meinen Stiefeln wieder mal auf einen Ast trat. Wobei ich mir bis heute oft etwas in den Fuß trete, und der Sand ist ziemlich heiß. Oft sind wir stundenlang unterwegs.

Das Camp entwickelte sich derweil weiter. Irgendwann bekamen wir sogar Internet! Das war natürlich ein Riesenfortschritt, nicht jedes Mal rüber zur Lodge fahren zu müssen, um eine E-Mail zu schreiben. Allerdings mussten dafür Satellitenschüsseln installiert werden, was eine Menge Unruhe und Lärm bedeutete.

Natürlich sagte ich den Leuten: «Ich habe einen kleinen Löwen im Camp. Bitte versucht, ruhig zu sein, oder gebt kurz Bescheid, bevor ihr die Bohrmaschine ansetzt.» Aber trotzdem war ich unsicher. Ich hatte damals eine alte Freundin im Camp, die ich noch aus Namibia kannte, die super mit Tieren konnte, also bat ich sie, sich zu Sirga ins Gehege zu setzen. Das ging alles gut, aber als sie den ersten Spatenstich setzten, schoss Sirga panisch hoch und rannte mit Karacho gegen ihren Zaun, wodurch sie sich am Kopf einen riesigen Hautlappen abriss.

Ich hatte Angst, die Wunde würde sich entzünden, aber glücklicherweise verheilte es völlig, und nach ein paar Monaten war Fell über die Sache gewachsen. Aber das sind so Momente, in denen ich denke: Toll, Valentin. Sie muss jetzt ihr ganzes Leben mit einer Harry-Potter-Narbe herumlaufen, weil du nicht aufgepasst hast. Wenn man es genau nimmt, habe ich doch praktisch das Sorgerecht.

Solche Dinge passierten mir anfangs. Auch ich musste mich erst an meine Aufgabe gewöhnen, und einmal lief mir Sirga sogar weg.

Eines Tages kamen neue Gäste in die Lodge. Wir hatten

eine private Landebahn, und einmal ging ich mit Sirga spazieren, als urplötzlich ein Flugzeug am Himmel auftauchte und auf uns zuhielt.

Sofort preschte Sirga davon und verschwand im Unterholz. Es war nicht das erste Mal, dass ich sie aus den Augen verlor, doch als sie auf mein Rufen nicht reagierte und auch nach fünf Minuten nicht wiederauftauchte, wurde ich nervös. Aber was konnte ich schon groß tun?

Ich zwang mich, ruhig zu bleiben, setzte mich in den Sand und wartete, bestimmt eine Dreiviertelstunde. Meine Spurenlesefähigkeiten waren für die Katz, denn wir waren jeden Tag hier unterwegs, weswegen ihre Spuren überall waren. Ich machte mir große Sorgen. Wenn sie jetzt ein Leopard im Maul hat, dachte ich, oder eine Hyäne! Sie war doch noch so klein.

Stunden saß ich in der Hitze, damit sie mich wittern konnte, falls sie noch in der Nähe war. Irgendwann lief ich zurück ins Camp – vielleicht war sie mittlerweile zurückgekehrt? Doch ihr Gehege war leer. Ich schlug Alarm und bat alle, nach Sirga zu suchen. Stunden lief ich panisch umher und machte mir Vorwürfe. Ein Schakal könnte sie erwischt haben, sogar ein Adler wäre noch eine Gefahr gewesen. Völlig erschöpft ging ich zu der Stelle zurück, wo ich sie verloren hatte. Und plötzlich, völlig aus dem Nichts, kam sie angeschossen und hängte sich an mein Bein, als hätte sie ewig auf mich gewartet.

«Sirga, was machst du denn?», rief ich und wuschelte ihr den Kopf, aber ich konnte ihr kaum böse sein. Zu erleichtert war ich, dass sie heil zurückgekommen war. In der Kalahari drohen viele Gefahren.

Eines Morgens saß ich vor dem Zelt und sah, wie sich eine Kobra in Sirgas Gehege schlängelte. Wir hatten mal eine alte Löwin, die wurde im Gehege von einer solchen gelben Kapkobra gebissen, eine der giftigsten Schlangen in Afrika überhaupt. Sie wurde plötzlich ganz schwach und lag nur noch am Wasserloch. Ich sprach mit dem Tierarzt. Er schüttelte nur den Kopf und sagte: «Wir müssen dem Leiden jetzt ein Ende setzen.» Ich musste sie erschießen, und anschließend mussten wir sie häuten. Das ist eine Auflage in Botswana, weil Löwenüberreste theoretisch auf dem Schwarzmarkt landen könnten. Fell und die Knochen müssen der Regierung ausgehändigt werden.

Als das Fell runter war, sah man die Bisswunde an der Quaste der Löwin, so nennt man das schwarze Fellbüschel am Schwanz. Zwei kleine Einstiche. Drumherum war das Gewebe nicht verrottet, was auf Nervengift schließen ließ. Das Gift der Kapkobra zersetzt das Gewebe nicht. Es war unglaublich, dass die Alte das so lange ausgehalten hatte. Sie war aber auch eine ausgewachsene Löwin. Sirga hätte das Gift vermutlich innerhalb von Minuten umgebracht.

Ich war also sofort alarmiert, als sich die Schlange durch den Maschendrahtzaun schlängelte, hinter dem meine kleine Löwin im Sand lag.

Ich wollte schreien: «Sirga, pass auf!», aber sie hatte das Tier schon bemerkt und legte den Kopf schräg. Jetzt wollte ich mich nicht mehr einmischen. Ihre Quaste tanzte. Ich dachte, sie springt gleich testweise drauf. Aber das tat sie nicht. Obwohl sie wahrscheinlich nie zuvor eine Schlange gesehen hatte, lag sie nur da und tat einfach nichts. Sie scheuchte das Tier nicht im Spiel auf. Sie erhob sich nicht mal vom Boden. Dabei konnte sie doch gar nicht wissen, wie giftig dieses kleine Reptil war. Wäre sie gebissen worden, sie wäre augenblicklich tot gewesen.

Ich war schwer beeindruckt, denn Giraffen und Gnus lief sie blind hinterher, aber diese kleine Schlange ließ Sirga instinktiv gewähren. Besser kann man sich in dieser Situation nicht verhalten. Die Schlange schlug einen Bogen um Sirga und verschwand.

LAGERFEUER, DUSCHE, KLO

Irgendwann meinte Willie, er brauche seinen Zeltplatz zurück für seine eigenen Stammgäste. Das Herzstück von Willies Zeltplatz, den ich bis jetzt hatte nutzen können, war im Prinzip nicht mehr als ein großer Betonboden, darüber ein Wellblechdach, das auf Holzpfosten stand. Schatten ist lebensnotwendig in der Kalahari. Es gab ein Waschbecken in der Mitte, und auf den Betonboden konnten die Gäste ihren Tisch und ihre Klappstühle stellen. Im Waschbecken konnte man sein Geschirr spülen, ansonsten war das Camp direkt in den Busch gebaut, man konnte also nicht wirklich weit sehen. Rings um den Betonboden waren fünf kleine Zeltplätze. Es gab zwei kleine Badezimmer mit jeweils einer Dusche und einem Klo. Sie lagen ein wenig abseits und waren echt schön. Zu einer Seite waren sie offen, alles war auf Pfosten gebaut und miteinander verschraubt, sodass man, wenn man drinnen stand, zu einer Seite offen in die Landschaft duschte. Herrlich!

Es gab warmes Wasser, das jedoch erst mit einem Donkey-Boiler, so nennt man die Heizöfen hier, erhitzt werden musste. Die Boiler sind aus Metall, haben kleine Schornsteine in der Mitte und stehen direkt auf dem Feuer. Auf der einen Seite kommt kaltes Wasser rein, auf der anderen warmes wieder heraus. Ab und an muss man Holzscheite nachwerfen.

Seit wir den Zeltplatz übernommen hatten, waren eigentlich immer Leute da gewesen. Willie konnte deshalb keine eigenen Camping-Gäste mehr empfangen, sondern nur besser zahlende Besucher in der Lodge beherbergen. Da er Leute hatte, die regelmäßig buchten und jedes Jahr zum Zelten kamen, wurde es Zeit umzuziehen. Er bot uns dankenswerterweise an: «Ihr könntet ja auf dem Gelände bleiben, aber baut euch mal woanders auf.»

Es gab diverse Ecken, wo ich gerne ein kleines Camp gebaut hätte, aber es ging eben darum, dass wir Wasser hatten, und Wasser war nur dort, wo schon Camps waren oder andere Lodges standen. In der Wüste kann man nicht einfach irgendwo etwas Neues hinsetzen.

Ich vereinbarte mit Willie, mein Camp um zweihundert Meter zu verlegen. Dann könnte ich mich weiter um die Löwen kümmern, und wir müssten nicht so viel graben, um Wasser zu haben. Mit dem Spaten in der Hand schritt ich zweihundert Meter ab und hob einen Graben aus. Ich legte vom Verteiler aus dünne Rohre in die Erde bis an die Stelle, wo ich unser Camp haben wollte. Dann schloss ich alles an und schüttete es wieder zu.

Willie kam rüber und stellte mir ein Metallgerüst hin, etwa fünf Meter hoch. Das konnte ich gut gebrauchen. Oben auf das Gerüst stellte man einen Fünftausend-Liter-Plastiktank, damit der Wasserdruck groß genug war. Das Bohrloch, aus dem wir das Wasser bezogen, war sieben oder acht Kilometer entfernt. Es versorgte erst die Lodge und die Raubtieranlage, und dann kam das Wasser zu uns. Wir waren die Letzten, und wenn unser Tank vollgelaufen war, fuhr ich zu Willie, sagte: «Voll», und Willie ließ die Pumpe am Bohrloch abstellen. Dann hatten wir genügend Wasser für ein paar Tage.

Willie war dann noch so nett, mir die erste Dusche und eine Toilette zu bauen. Beides hatte zwar kein Dach, aber ich zog einfach eine Plane darüber. Bald baute ich ein zweites Bad und eine zweite Dusche, für Männer und Frauen getrennt, zerrte einen langen Tisch unter das Dach und schloss Kühlschrank und Gefriertruhe an die Solaranlage an. Ich legte Schattenplätze an, verkleidete die Wand meiner kleinen Bar mit Gras, damit es schön aussah, stellte ein großes Zelt auf, räumte meine Sachen hinein, baute Schränke.

In der Nähe lag eine Kiesgrube, dort besorgte ich mir weiße Steine, womit ich die Wege abgrenzte und verzierte. Vor dem Camp legte ich ein Volleyballfeld an und eine Feuerstelle. Und bald hingen hinter den Klos wieder bunte Klamotten auf Wäscheleinen in der Sonne. Mein eigenes kleines Reich.

DER GROSSE HYPE

In Botswana ist die Hauptsaison für Touristen die Trockenzeit, wenn das Okavangodelta der einzige Ort mit Wasser und alles voller Tiere ist. Bei uns im Süden, in der Kalahari, ist es eigentlich umgekehrt, da ist die Regenzeit die beste Zeit für Touristen. Hier gibt es natürlich weniger Niederschlag, nur dreihundert bis vierhundert Millimeter, und das kommt oft innerhalb von wenigen Tagen runter. Dass die Saison wieder losgeht, sieht man an den Backpackern, an jungen Leuten mit Rucksäcken, die in Maun unterwegs sind und eine Unterkunft oder einen Job suchen.

Der Typ, der den großen Hype um Sirga losgetreten hat, war auch so einer. Er war durch Botswana gereist, und wir kamen in Maun, in Neils Bar, zufällig ins Gespräch. Er war sehr interessiert an meinem Camp und den Löwen und meinte, er wolle gar nichts buchen oder so, sondern sich einfach nur mal umschauen, sich einen Eindruck verschaffen. Ich sagte: «Klar, ich nehm dich morgen mit.»

Er hing dann eine Weile bei uns ab, und dann machte er dieses Video. Über das Internet und Videos, die viral gehen, hatte ich mir bis dato keinen Kopf gemacht, das war nicht meine Welt. Nur Mikkel brauchte manchmal Bilder von mir, vom Löwen und dem Camp für unsere Facebookgruppe. Wir hatten damals auch noch keine Erklärungen, die man unterzeichnen musste, dass man nicht einfach Bilder machen und ins Netz stellen darf.

Der Typ war durchaus sympathisch, Kanadier, kurze Haare, ziemlich durchtrainiert, fast ein Bodybuildertyp. Er machte einen netten Eindruck und versuchte, überall umsonst hereinzukommen, weil er den Leuten verklickerte, er schreibe einen Travel-Blog. Wir unterhielten uns gut, weil ich mich ja auch ein bisschen in Kanada auskannte.

Ich war am Gehege und wollte Sirga herausnehmen, die mir immer, wenn ich komme, so in den Arm springt, als wolle sie mich umarmen, was im Übrigen sehr auf den Rücken geht. Das filmte er offenbar und lud es bei YouTube hoch, wo er seine Reise dokumentierte.

Und aus heiterem Himmel bekam ich kurz darauf über Facebook Nachrichten wie «Hey, bist du das gerade auf CNN?», und dann war die Story überall. Das Video wurde bei YouTube millionenfach geklickt, und bald folgten Berichte in Zeitungen, im Radio und Fernsehen. Überall auf der Welt. BBC, CNN, auch in den deutschen Medien und zu Hause bei uns am Bodensee. Ich verstand das erst gar nicht, aber auch in Botswana lief es rauf und runter. Überall wurde dieser Typ plötzlich interviewt, weil man mich nur von hinten sah und sie dachten, er wäre der Mann, der Löwen umarmt, und er stellte das zunächst nicht richtig. Auch unser Projekt, Sirga und das Camp erwähnte er nicht. Wir hatten also wenig bis gar nichts von der Publicity, und als er die Sache irgendwann korrigierte, war der Zug schon abgefahren. Ich war ziemlich mies drauf. Die Story verselbstständigte und veränderte sich, bis es hieß, in dem Video gehe es um einen Naturschützer, der einen Löwen aufgezogen hat und nach Jahren zurückkommt, und der Löwe freue sich so über das Wiedersehen mit seinem Retter. So ein Bullshit.

Und der Typ kassierte natürlich ab, wir sahen keinen Cent. Ich schätze, ich bin ein zu gutgläubiger Mensch, ich vertraue Menschen – ich hatte nicht erwartet, dass sich jemand so mit fremden Federn schmückt.

Ich sagte zu Mikkel, dass das nicht noch mal passieren darf. Jeder, der herkam, sollte eine Erklärung unterschreiben, dass wir beteiligt werden, falls er mit Material aus dem Camp Geld verdient. Es wäre auch alles nicht so wild gewesen, wenn ich wegen dieser Sache nicht noch Stress mit der Regierung von Botswana bekommen hätte.

SARAH

Romantische Beziehungen mit Gästen waren ein Tabu für mich. Und jemanden zu finden, der sein Leben mit mir teilen wollte, war sowieso völlig unrealistisch. Ich konnte von keiner Frau verlangen, wegen meiner Verpflichtungen mit dem Camp und Sirga ihr Leben komplett umzuschmeißen. Was hatte ich schon zu bieten? Ich sitze hier in der Wildnis, ohne Heizung, in einem alten Wohnwagen, nachts ist es saukalt und im Sommer sauheiß, und wenn es windet, fliegt überall Staub herum. Dann kam Sarah, und alle meine Vorsätze flogen über Bord.

Unsere Gäste waren hauptsächlich junge Leute aus Skandinavien, die mehrere Wochen blieben, was in erster Linie daran lag, dass Mikkel in Kopenhagen wohnte und von dort aus alles organisierte. Der Start mit Sarah war holprig. Es fing damit an, dass niemand sie am Flughafen von Maun abholte. Ich gebe den Fahrern immer eine Liste mit den Namen, aber irgendwie wurde sie vergessen, wie in einem Film. Sarah organisierte sich selbst ein Taxi in die Stadt und mietete sich kurzerhand für die Nacht in Neils Okavango River Lodge ein.

Also fuhr ich am nächsten Morgen persönlich hin, um sie abzuholen. Jemand von der Bar sagte mir, dass sie am Pool wäre. Ich ging unter dem schattigen Dach des Essbereichs hindurch und trat in die Sonne. Sie trug eine Sonnenbrille und ließ die Beine ins Wasser baumeln. Ich setzte mich zu ihr ans Wasser und entschuldigte mich für die Unannehmlichkeiten. Wenn Gäste warten müssen oder irgendetwas nicht reibungslos läuft, mag ich das überhaupt nicht. Das kratzt an meiner Ehre als Gastgeber. Mein erster Gedanke, als ich sie sah, war: «Wow.» Und der zweite: «Diese Frau kann ich mir nicht in einem Zelt vorstellen und noch weniger in einem Zelt im afrikanischen Busch.»

Am Abend saßen wir am Lagerfeuer. Wir verbringen die Abende immer am Lagerfeuer, weil es dann in der Wüste kalt wird. Ich stelle mich den Neuen kurz vor und sage, was sie hier so erwartet, dann gebe ich eine Runde Bier aus, und die Teilnehmer erzählen, was sie so machen, woher sie kommen. Es ist immer wieder spannend zu sehen, wie sich die Menschen verändern und wie viel sie plötzlich miteinander sprechen, wenn sie allein in der Wüste sitzen und weder Handyempfang noch Internet haben.

Das Internet für die Gäste und das Camp schalte ich bis heute nur sonntags für ein paar Stunden an, damit die Leute E-Mails oder WhatsApp-Nachrichten schreiben können, die restliche Zeit ist es tabu. Das hat auch einen praktischen Grund: Die Verbindung ist so langsam, dass ich, wenn alle im Netz hängen würden, keine Mails schreiben könnte.

Sarah erzählte, dass sie aus Kopenhagen komme, wo sie gerade ihren Master in Architektur abgeschlossen hatte; nebenbei modelte sie und tanzte. Es stellte sich auch heraus, dass sie eigentlich erwartet hatte, Mikkel hier zu treffen. Er war es, der ihr von dem Camp und unserem Projekt erzählt hatte.

Gegen zehn Uhr zog ich mich in mein Zelt zurück, das, zusammen mit Sirgas Gehege, etwas abseits lag. Schließlich bin ich nicht in die Wüste gezogen, um dauernd mit zwanzig

Leuten am Feuer zu sitzen. Ein Barkeeper kann auch nicht jede Nacht mit seinen Gästen trinken!

Am nächsten Morgen machten wir uns fertig für die erste Tour in den Busch. Ich hielt immer einen kleinen Vortrag, was es zu beachten galt, und machte die Leute mit der Umwelt vertraut. Denn für Städter, die verlernt haben, auf ihre Instinkte zu hören, kann es hier schnell gefährlich werden. Was mir sofort auffiel, war Sarahs aufmerksamer Blick und ihre Zugewandtheit. Sie schien sich für jedes kleine Lebewesen auf dem Boden, für jedes Tier, das herumlief, zu interessieren. Ich mag es einfach, wenn Leute Interesse haben und mit offenen Augen durch die Welt laufen und nicht sagen, ich studiere dieses und jenes und will viel Geld verdienen, und ansonsten gehe ich feiern. Sarah schien sich über jeden Mistkäfer, der Dung rollte, zu freuen.

Natürlich galt mein Vorsatz, niemals etwas mit einem Gast anzufangen, nach wie vor. Es wäre auch schädlich für mein Geschäft, wenn sich so etwas herumspräche. Es war ein Tabu, also kämpfte ich dagegen an. Doch schon am ersten Tag erwischte ich mich dabei, wie ich immer wieder zu Sarah hinübersah. Und das Phänomen ist bekannt: Je stärker man dagegen angeht, desto heftiger wird es.

Die erste Woche überstand ich gut. Doch dann musste ich nach dem Schlachten, bei dem die Gäste wie immer geholfen hatten, den Traktor zurück zu Willies Lodge bringen und fragte in die Runde: «Kommt jemand mit?» Niemand wollte, alle waren müde und abgekämpft. Nur Sarah hob die Hand und meinte: «Ich bin dabei!»

Ich wusste, jetzt wurde es gefährlich. Wir fuhren also zu zweit durch diese magische Landschaft, die Sonne verschwand am Horizont, und die Schatten wurden länger, und ich versuchte, mir nichts anmerken zu lassen. Sarah, mit Sonnenbrille, ihr Haar flatterte im Wind, blickte zum Seitenfenster hinaus und meinte nur: «Du kannst dich echt glücklich schätzen, Valentin, dass dies dein Zuhause ist.»

Und alles, was mir einfiel, war: «Ja, stimmt.»

Wir mussten eine Weile warten, bis uns jemand aus dem Camp wieder an der Lodge abholte. Wir saßen dort, es wurde kälter, und dann passierte es einfach: Wir küssten uns. Erst zögerlich, aber dann war es wie eine Erleichterung – und es gab kein Halten mehr.

An den folgenden Abenden saßen wir wie immer alle ums Feuer herum, und Sarah und ich warfen uns verstohlene Blicke zu. Wir warteten, bis alle im Bett waren, dann schlichen wir rüber in mein Zelt. Frühmorgens, wenn es draußen noch kalt und grau war, schlich sie zurück, damit niemand etwas bemerkte. Es war natürlich nur eine Frage der Zeit, bis wir aufflogen. Es war ein Paar im Camp, befreundete Filmemacher, Jürgen und Tarina, die über Sirga und mich eine Dokumentation drehten, die später bei Netflix erschien – weil sie morgens immer in aller Herrgottsfrühe loswollten, um Bilder zu machen, überraschten sie uns auch mal in meinem Zelt...

Aber es wurde ein Selbstläufer. Ich musste mir eingestehen, dass ich mein Tabu gebrochen hatte. Wir verbrachten jede freie Minute miteinander. Abends lagen wir unter dem Sternenhimmel und erzählten uns Geschichten. Es war wunderschön, wir lernten uns kennen und verstanden uns blind. Gleichzeitig ärgerte ich mich. Das ist eine saudämliche Idee, sagte ich mir. Das kann doch nicht klappen. Du versaust dir dein Business hier, die Leute werden reden, und etwas Ernstes wird daraus sowieso nie entstehen. Wie sollte das gehen? Sie war ein Stadtmensch, hatte einen Job, Familie. Warum sollte sie das freiwillig aufgeben für ein Leben in der Wüste? Im Prinzip müsste sie hier auf alles verzichten. Ich hatte nicht mal Geld. Ich dachte: Mann, bist du naiv, Valentin.

Außerdem fühlte ich mich an Namibia erinnert, wo alle meinten, wir starten jetzt etwas zusammen, bauen uns in Afrika eine Existenz auf. Das sind diese fixen Ideen, die man im Urlaub hat, im Ausnahmezustand. Genau so, wie man sich immer vornimmt, etwas von der Ruhe und Entspannung des Urlaubs mit nach Hause zu nehmen. Das klappt doch auch nie. Nichts davon ist von Dauer.

Als ich Sarah nach zwei Wochen am Flughafen verabschiedete, war ich mir sicher: Ich bleibe allein, sie geht wieder in ihr Architekturbüro, und das war's jetzt. An der Sicherheitskontrolle gab es ein letztes Goodbye, und dann war sie weg.

ONE WAY TICKET

Ich habe meist zu viel um die Ohren, um Kontakt halten zu können. Meine Kumpels wissen das. Aber für Sarah war das eine neue Erfahrung. Auch wenn ich nicht so viel Arbeit im Camp gehabt hätte – es ist einfach wahnsinnig schwierig, wenn das Internet so abartig langsam ist.

In Deutschland sitzt man einfach auf dem Sofa, nimmt sich das Handy und tippt eine Nachricht. Hier verbringt man nach dem Schreiben Stunden damit, immer wieder vergeblich den Senden-Knopf zu drücken. Ich zahlte vierhundert Euro für Internet, das eigentlich nie funktionierte. Das war unheimlich frustrierend, und ich bekam auch nichts mehr geschafft.

Sarah schickte oft Fotos aus Dänemark, von Kopenhagen und ihrem Leben dort. Ich fütterte weiter die Löwen, hielt Vorträge vor den Gästen, schulterte für Wanderungen mein Gewehr. Mikkel sorgte dafür, dass der Strom an Gästen nicht abriss. Und ich saß abends am Feuer und warf Stöckchen hinein, während ich an meinem Bier nippte.

Ich hätte nicht gedacht, dass ich sie je wiedersehen würde. Und dann, exakt zwei Wochen nachdem sie abgeflogen war, schrieb sie mir, dass sie einen Flug nach Maun gebucht hatte. Ohne Rückflug. Ich war beeindruckt und etwas von der Rolle, aber schrieb ihr, dass ich sehr froh war.

Ich organisierte ein Buschflugzeug, das Sarah in Maun abholte, damit sie nicht Stunden im Auto oder Bus verbringen musste. Es sollte auf einer kleinen, notdürftig freigekratzten Landebahn bereitstehen, sobald ihr Flieger gelandet war.

Doch auch dieses Mal war niemand da, um sie abzuholen. Sie schrieb mir eine Nachricht vom Flughafen: «Der Flug wurde wegen technischer Probleme auf den nächsten Tag verschoben. Miete mich für eine Nacht in der River Lodge ein. LG Sarah.»

Ich hatte ein schlechtes Gewissen und versprach, sie abzuholen. Am nächsten Morgen, es war noch kühl, stand ich pünktlich bei uns an der Landebahn in meinen «schicken» Klamotten – das bedeutet in meinem Fall Jeans und Hemd. Sie kletterte aus dem kleinen Flugzeug, und wir küssten uns. Ich war ziemlich aufgekratzt, aber auch etwas gehemmt. Wusste sie, worauf sie sich einließ?

Ich hatte kein eigenes Geld, konnte mir nie ein Gehalt auszahlen und von meiner Arbeit leben. Ich musste jeden Tag im Camp sein, ohne einen Tag Urlaub, und hatte dementsprechend auch kein Privatleben. Mein Zelt war zwar groß, aber primitiv und stellenweise vergammelt oder von Mäusen angebissen. Streng genommen war es nicht mal mein Zelt, sondern Mikkels. Auch das Camp war eher rudimentär angelegt. Es gab keinen Tag ohne Kunden. Dreihundertfünfundsechzig Tage im Jahr. Alles außerhalb unserer Zeltwände mussten wir teilen: Küche, Mahlzeiten, Bad sowie die Duschen. Das musste ich Sarah einfach darlegen, damit sie wusste, worauf sie sich einließ.

Und Sarah hörte sich meinen Vortrag an und antwortete nur: «Ich weiß.»

Dann brachte ich ihr Gepäck in mein Zelt.

Es war fast unwirklich, wieder beieinander zu sein. Natürlich war ich weiterhin sehr beschäftigt, aber das schien okay für sie zu sein. Ich integrierte sie in meinen Alltag, sie sollte sich jetzt nicht mehr als Gast fühlen, sondern als Teil des Camps.

Es war schön, die Zeit, die ich hatte, nur mit Sarah zu teilen. Sie entpuppte sich auch als großartige Hilfe. Einmal saß sie mit in meinem Büro, und ich klickte durch die Mails und meinte: «Verdammt, ich habe Hunderte davon nicht beantwortet, weil ich immer nur draußen Sachen reparieren muss oder mit Gästen unterwegs bin.» Da sagte sie: «Lass mich doch mal machen.» Ich stellte ihr ein Funkgerät auf den Schreibtisch, damit sie mich im Zweifel anrufen konnte, und wenig später hatte sie die Verwaltung, Rechnungen und Administration übernommen. Ich hatte eine Partnerin gefunden.

MILCHZÄHNE

Viele Leute meinten damals zu mir: «Warte es nur ab, Valentin. Wenn Sirga ihre Milchzähne verliert, wird sich alles ändern. Dann wird es nicht mehr so schön sein, dann ist es mit eurer engen Bindung vorbei.» Ich tat es meist einfach als Neid ab.

Natürlich war ich ein wenig verunsichert, weil ich das so oft hörte. Aber mir war auch klar, dass ich die Gäste nicht mehr in Sirgas Nähe lassen würde, sobald sie größer war. Als sie klein war, durfte nämlich immer eine Person mitkommen, wenn wir spazieren gingen, nachdem ich sie gründlich unterwiesen hatte. Ich machte demjenigen vor allen Dingen klar: «Sprich das Tier bitte nicht an, und berühre es nicht, dann besteht keine Gefahr.» Die Gäste durften mich also begleiten und Fotos machen, aber mehr nicht.

Viele Projekte in Afrika bieten Spaziergänge mit Löwen an. Ich frage mich dann immer: Wie funktioniert das? Kein Mensch kann mit einem ausgewachsenen Löwen spazieren gehen. Das geht, bis das Tier ein Jahr alt ist, maximal anderthalb, danach wird es viel zu gefährlich.

Das bedeutet also für den Anbieter, dass er immer junge Löwen «vorrätig» haben muss, und da tut sich schon das ethische Problem auf – Stichwort: Auffangstation. Die Löwen werden bereitgehalten und nicht von ihren Eltern aufgezogen. Und die großen für den Streicheltourismus nutzlosen Raubtiere, werden meist an andere Unternehmen weitergegeben, die Jagd-Safaris anbieten. Dort werden sie aus dem Gehege gelassen, um kurz danach als Höhepunkt einer Jagd erschossen zu werden. Das ist eine grausame Praxis, die unter dem Begriff *canned hunting* bekannt geworden ist. So sorgen die unwissenden «Hobby-Naturschützer», die in Afrika kleine Raubtiere aufziehen, unfreiwillig mit dafür, dass die von ihnen gehassten Trophäenjäger kommen, um die Tiere zu schießen.

Es gibt natürlich auch einige Auffangstationen, die einfach nach verletzten, kranken oder verwaisten Tieren schauen, trotzdem gilt die Regel: Wenn wilde Tiere zum Anfassen angeboten werden, sollte man Abstand halten und die Sache nicht unterstützen. Mit Sirga wollte ich kein Teil davon sein, also warb ich auch nie damit und stellte die Spaziergänge ein, als sie zu groß wurde.

Immer wenn ich merkte, dass ein Milchzahn raus ist, suchte ich die Stelle, wo sie gegessen hat, ab und packte den Zahn in eine Andenkenschachtel. Die Milchzähne sind erstaunlich klein, eigentlich Minizähnchen, nur die oberen zwei Reißzähne sind richtig groß. Die neuen Zähne kommen dann ziemlich schnell raus. Und die sind um ein Vielfaches größer, fünf, sechs Zentimeter.

Ich stecke meine Finger oft in ihr Maul, oder sie kaut ein wenig an meinen Händen, dann fühlt man richtig, wie hart und scharf die Reißzähne sind – damit kommt sie sogar durch dicke Gnuhaut. Vorne sitzen dazwischen eher kleine Zähne, die benutzt sie, wenn sie sich putzt und Sachen aus ihrem Fell rauszieht, die drinhängen. Oder sie kaut damit auf Stöckchen rum, das macht ihr Spaß.

Ganz hinten sitzen die Backenzähne. Mit den Reißzähnen reißt sie das Tier auf, und wenn die Haut in Fetzen hängt, legt sie den Kopf schief und beginnt, mit den Backenzähnen zu schneiden – das hört man dann richtig. Man kann sich das so vorstellen, als würde man mit einer Gartenschere durch ein Stück Leder schneiden. Dann muss ich echt aufpassen, da würde ich meine Finger nicht reinstecken. Mit diesen Zähnen zerbeißt sie das Schienbein eines Gnus mit einem Bissen.

Als die Milchzähne weg waren und die richtigen Zähne kamen, war es noch eine Weile ruhig, aber dann, Sirga war etwa sechzehn Monate alt, tötete sie zum ersten Mal. Wir hatten damals eine üble Trockenperiode, und viele Huftiere waren schlapp, mager und krank.

Löwen sind Ansitzjäger, das heißt, sie schleichen sich an die Beute an und schlagen aus dem Hinterhalt zu. Sie rennen nicht drauflos wie Geparden, dafür sind die meisten Antilopen auch viel zu schnell. Löwen sind groß und schwer. Sie verbringen viel Zeit mit dem Anpirschen, und ich erkläre das auch den Gästen immer, wenn wir unterwegs sind: Ihr würdet sie nicht hören, wenn sie direkt hinter euch lauerten. Sirga wartet mitunter stundenlang, um ihre Erfolgsaussichten zu erhöhen. Ihre Chancen stehen noch besser, wenn die Beute schwach oder krank ist, wofür Löwen ein gutes Gespür haben.

Kinder und ältere Menschen lasse ich grundsätzlich nicht zu den Löwen. Löwen reagieren auf Menschen zwar in der Regel mit Desinteresse, aber der Schrei eines Kleinkindes lockt sie sofort an die Zäune. Genauso verhält es sich bei Menschen, die humpeln oder verletzt sind. Dann stellen die Tiere ihre Ohren auf, denn sie wittern ein leichtes Opfer.

Spaziergänge mit Sirga dauern lange. Acht, neun Stunden sind wir schon unterwegs. Nachdem sie mich vor lauter Freude umgesprungen und umarmt hat, sobald sich die Gehegetür öffnet, läuft sie zu ihrem Lieblingsbaum, kratzt daran, und nach etwa zehn Minuten stellt sie die Ohren auf und macht sich ein Bild von der Lage. Das sieht ziemlich majestätisch aus.

Weil sie schon aus kilometerweiter Entfernung weiß, wo was ist, beginnt sie, auf den Spuren zu laufen – allerdings nicht wie ich, also den Spuren direkt folgend, sondern sie läuft im Zickzack. Ich denke schon: «Wir haben die Spur verloren, wo laufen wir nur hin?», bis sie einige Kilometer später wiederauftaucht. Sirga hatte einfach eine Abkürzung genommen.

Hat sie etwas gefunden, kauert sie sich hin und wartet. Ich sitze nur reglos daneben. Nicht mal den Kopf darf ich heben, sonst verliert Sirga ihre Beute. Das Problem sind dann diese kleinen Käfer und Zecken, die im Sand herumlaufen. Weil ich sie nicht wegklatschen kann, laufen sie über meinen ganzen Körper. Mücken sind nicht schlimm, aber Bremsen. Ich sitze also da, beiße die Zähne zusammen, und manchmal, wenn ich es gar nicht mehr aushalte, führe ich in Zeitlupe die Hand an die Stelle, die so brennt, und kratze. Ich bin es aber mittlerweile so gewohnt, dass ich manchmal neben Sirga im Sitzen einpenne.

Stundenlang wartet der Löwe also und schaut zu. Wenn die Antilope im Schatten steht und sich umguckt, weiß der Löwe, er hat keine Chance. Sobald sie den Kopf senkt und anfängt, Gras zu kauen – und das Fressen macht Lärm –, geht der Löwe einen Schritt nach vorn. Wenn sie den Kopf wieder hebt, bleibt er stehen und geht in Deckung. Manchmal macht Sirga in einer Stunde nur zwei Schritte.

In Dokumentationen sieht man oft Löwen, die Gnus reißen. Das passiert zum Beispiel im Okavangodelta, wo es viele Tiere gibt. Hier, in der kargen Kalahari, fangen Löwen eher Kleintiere wie Riesentrappen, Springhasen oder Stachelschweine – aber das ist für eine bildgewaltige Doku natürlich nicht so interessant. Wenn Löwen größere Beute jagen, gehen sie im Rudel vor. Sie pirschen sich von den Seiten an und scheuchen sich die Beute dann in die Arme. Einer packt das Gnu, zerrt es runter, die anderen halten es fest und gehen an die Kehle.

Dabei geben sich die Löwen untereinander Zeichen über die schwarzen Markierungen an der Schwanzquaste und hinter den Ohren. Sie sehen die flirrende Quaste des Artgenossen, bevor er losschlägt, weil sie sich gut vom Rest abhebt. Und wenn sie das Schwarze an den Ohren sehen, wissen sie, dass der Löwe aufmerksam ist. Das heißt, wenn Sirga nach vorn horcht, sieht man die schwarze Markierung, und wenn sie die Ohren umdreht und nach hinten horcht, sieht man sie eben nicht. So wissen Löwen genau, wer gerade wo aufpasst und was er beobachtet – sie sind unglaublich vorsichtig.

Als Sirga mit sechzehn Monaten ihre erste Antilope riss, wog sie circa einhundert Kilo. Wir gingen raus, sie sprang mich an, kratzte am Baum, stellte die Ohren auf. Und plötzlich schoss sie los. Zwei Minuten vergingen, und plötzlich hörte ich einen Schrei.

Ich hatte eine Frau dabei, die im Camp zu Gast war, und das war großes Glück. Ich wusste sofort, dass Sirga etwas erwischt hatte. Ich bat die Frau, mir mit Abstand zu folgen und Fotos zu machen.

Sirga war zwischen den Büschen dabei, die Antilope zu Boden zu drücken. Das Tier schrie und wehrte sich, und Sirga spielte mit ihr. Sie ließ sie kurz aufstehen, um sie gleich wieder niederzudrücken. Löwen sind so unglaublich aggressiv, wenn es um Beute geht. Ich bin also sehr langsam ran. Sirga fraß zwar noch nicht, die Antilope lebte noch, aber ich wusste eben nicht, ob sich jetzt, da Sirga zum ersten Mal tötete, in unserer Beziehung etwas geändert hatte. Das hatten die Leute mir ja immer wieder gesagt.

Wenn die Beute tot ist, reißen Löwen immer zuerst den Bauch auf oder fressen am Hinterteil. Da ist es weich, und man kommt gut durch die Haut. Bei weiblichen Beutetieren bietet sich der Bereich der Zitzen und bei den männlichen Tieren der, wo die Hoden sitzen, besonders an. Eigentlich sind alle Raubtiere auf die Innereien aus, denn in Leber, Nieren und den übrigen Eingeweiden sitzt sehr viel Feuchtigkeit. Gerade in Wüstengebieten wie der Kalahari ist das enorm wichtig. Die Tiere müssen dann nicht unbedingt trinken, solange sie regelmäßig Beute haben. Außerdem speichern die Eingeweide Vitamine und Enzyme, und Antilopen, die das Gras fressen, können aus diesen dürren Halmen mit ihrem Verdauungssystem als Wiederkäuer vieles aktivieren, was Löwen aus dem Zeug nie rausbekämen. Der Löwe bekommt sozusagen einen Salat, gesundes Essen. Außerdem sind Innereien leicht zu kauen.

Erst danach widmen sich die Löwen dem eigentlichen Fleisch. Sie essen viel vom Hintern, denn unten an den Beinen ist bei Huftieren kaum etwas dran. Da kauen die höchstens Knochen und zerbeißen die Schienbeine. Die Rippen gehen auch immer schnell weg, weil die ein Löwe eigentlich komplett fressen kann. Ansonsten arbeitet er sich von hinten nach vorne vor.

Weil Sirga kein Rudel hatte, schaffte sie es nicht, das allein zu Ende zu bringen. Sie hätte hinten loslassen müssen, um an die Kehle des Tieres zu kommen. Außerdem musste sie auch aufpassen wegen des Horns. Ich ging also langsam näher, und die Antilope schrie – es tat mir alles so leid. Sirga sah mich an mit der Antilope zwischen den Zähnen, und ich hielt ihr Opfer fest. Dann schnitt ich der Antilope kurzerhand mit dem Messer die Kehle durch.

Anschließend zerrte Sirga das tote Tier in den Schatten, wo ich ihm noch den Bauch aufschnitt, damit sie besser an die Innereien herankam. Es war unsere erste gemeinsame Jagd. Die Frau trat näher und machte ein Foto, wie Sirga mir Herz und Leber aus der Hand fraß.

Nachdem Sirga ihren Blutdurst vorerst gestillt hatte, luden wir den Kadaver auf den Truck und brachten ihn ins Camp. Sirga lief den ganzen Weg stolz hinter dem Auto her.

SARAH IN MAUN

Sarah und mich holte die Realität ein. Ich wollte nicht, dass das Camp ihrer Selbstverwirklichung im Weg stand. Dass sie Träume und Ziele aufgeben musste. Sie hatte einen Master in Architektur, und nun saß sie in der Wüste und fütterte Tiere. Und mit meiner Arbeit konnte ich beim besten Willen nicht zwei Menschen ernähren, oft nicht mal einen.

Sarah ist ein unglaublich lieber Mensch, der sich um alles kümmert. Gleichzeitig kann sie auch streng gegenüber anderen und vor allem sich selbst sein, wenn ihr etwas nicht passt. Sie hat hohe Ansprüche an sich selbst und andere. Sie liebte das Leben hier draußen, sie liebte die Gegend, keine Frage. Aber es wurde immer deutlicher, dass ihr das auf Dauer nicht reichte.

Dass es zwischen uns häufiger krachte, lag an vielen Dingen. Es setzte ihr zu, dass sie keine Freunde treffen konnte und wir beide nicht mal frühstücken oder ins Kino gehen konnten, wie sie es aus Kopenhagen gewohnt war. Außerdem belastete es sie, dass sie ihre Familie nicht um sich hatte und sie vieles nicht mitbekam. Und mit dem Internet war das, wie erwähnt, hier so eine Sache.

Wir trafen niemanden außer den Gästen und konnten nicht weg, weil wir immer zu tun hatten. Es gab kein Leben außerhalb des Camps. Man hing aufeinander, es gab nicht mal ein richtiges Zimmer, das man abschließen konnte. Ich denke, solche Lebensumstände wären für jedes Paar eine ziemliche Herausforderung.

Streit war gewissermaßen vorprogrammiert. Natürlich konnten wir als junges Paar im Wohnwagen leben. Aber welche Perspektiven hatten wir für die Zukunft?

Ich machte mir Gedanken, wie sich ihr Leben in Botswana spannender gestalten ließe. Ich hatte einen alten Freund in Maun, der als Architekt in Rente war, und den rief ich an und erzählte von Sarah. Er bot sofort seine Hilfe an. Er hatte noch seine Firma, und ohne Arbeitsvisum und Anstellung in einer Firma durfte auch Sarah nicht länger als drei Monate im Land bleiben. Wir trafen uns also mit ihm, und dann bot er ihr an, in sein Architekturbüro einzusteigen, es gemeinsam wiederzubeleben. Sarah schlug ein und freute sich riesig.

Das hieß aber auch, sie würde nach Maun ziehen müssen, was für mich eine heftige Vorstellung war. Das soll jetzt nicht klingen, als hätte ich es ihr nicht zugetraut. Aber Maun konnte ein Kulturschock sein. Das Leben in einer solchen Stadt ist anders als im Busch. Klar, Botswana ist ein friedliches Land. Du kannst dein Geld im Auto lassen, und anders als in Johannesburg klaut es dir keiner. Aber es ist doch eine sehr männlich geprägte Gesellschaft. Für eine junge Frau, die mit ihrem exotisch-skandinavischen Look überall auffiel, stellte ich es mir schwierig vor. In Maun gibt es einfach auch nicht viele Frauen, die allein leben.

Ich machte Sarah also zunächst mit meinen Freunden bekannt, einer Clique aus Maun, die sie treffen könnte, die sie abends nach Hause begleiten sollten, und ich stellte ihr noch Leute vor, bei denen sie sich melden konnte, wenn irgendetwas war. Die Idee war, dass Sarah in Maun ihr eigenes Geld verdiente und wir unsere Beziehung irgendwie am Laufen hielten. Ich fuhr damals wöchentlich nach Maun, um Leute abzuholen. Sie kam dann entweder für eine Woche mit ins Camp, oder wir sahen uns an den Wochenenden.

Wenn Sarah im Camp war, kümmerte sie sich viel um die Tiere. Abgesehen von Sirga. Bei Sirga möchte ich eigentlich bis heute nicht, dass jemand ohne mich ans Gehege geht. Sie kennt es so, dass ich immer dabei bin. Entweder gehe ich dann zu ihr rein, oder wir gehen zusammen raus. Wenn also jemand auftaucht und dann passiert nichts, ist sie sehr enttäuscht und verärgert, und das möchte ich nicht. Abends Fleisch über den Zaun schmeißen, das kann auch jemand anders machen. Wenn ich sie aber selber füttere, dann nimmt sie das Essen nicht gleich, sondern wartet, dass ich reingehe.

Sarah kümmerte sich also um die anderen Tiere, die Strauße und Antilopen. Einmal fand sie ein Stachelschwein an der Straße, da hing noch die Nabelschnur dran. Sarah nahm es mit und zog es auf wie ihr Baby. Sie lief mit ihm rum, und es schlief sogar bei ihr auf dem Schoß. Dabei hatte es da schon dicke Stacheln.

In Maun kam sie langsam an, das merkte man, aber sie war einfach zu gutgläubig. Sie ließ sich von wildfremden Männern auf Drinks einladen und dachte sich nichts dabei. Ich versuchte ihr klarzumachen, dass ich das nicht gut fand und diese Typen bestimmt Hintergedanken hätten.

Manchmal kam ich mir vor wie ein paranoider Vater oder so. Das hat aber im Übrigen nichts mit Afrika zu tun. Auch in Berlin sollte man vorsichtig sein. Ich machte mir einfach Sorgen, und wir hatten diese Auseinandersetzung häufig, bis sie tatsächlich einmal bei einem vermeintlich harmlosen

Typen ins Auto stieg, der angeboten hatte, sie nach Hause zu bringen. Und der setzte ihr eine Knarre an den Kopf und meinte: «Ausziehen.» Irgendwie schaffte Sarah es zu entkommen. Natürlich war das für sie eine traumatische Erfahrung, und ich regte mich furchtbar auf. Zum Glück ging es glimpflich aus, und danach passte sie besser auf. Aber es wuchs der Wunsch in ihr, wieder bei mir im Busch zu leben.

Beruflich lief es auch gleich sehr gut. Sarah kam von einer der besten Architektenschulen Dänemarks, weshalb sie schnell ihre Arbeitsgenehmigung bekam. Die Aufträge, die sie erledigte, kamen hauptsächlich von den teuren Lodges im Delta. Sie entwarf 3D-Renderings, also virtuelle Modelle der Projekte. Damit konnte sie zu Investoren gehen und werben. Was ein großer Vorteil war. Sie gestaltete Zimmer, Bäder, Terrassen, ganze Luxus-Außenbereiche. Mit einem kleinen Flugzeug wurde sie abgeholt, von Lodge zu Lodge geflogen und übernachtete immer sehr edel.

Wenn wir jetzt stritten, ging es um andere Sachen. Sie hätte gerne auch unser Camp umgestaltet. Aber ich gestehe, ich bin in der Hinsicht etwas stur und sicher schwierig. Sie hätte sicher etwas Tolles designt, aber ich bin anders, ich gehe einfach in den Baumarkt und mache es dann selber. Ich brauche kein Design, das wird hier in Botswana außerdem schnell furchtbar teuer, weil sämtliches Material aus Kapstadt oder sonst woher eingeflogen werden muss. Das heißt, ich baue mit Sachen, die ich vor Ort zur Verfügung habe. Ich weiß, dass sie mein Pragmatismus störte. Aber da blieb ich stur.

GNUS JAGEN

Ursprünglich gab es hier in Ghanzi eine offene Graslandschaft. Mit der Zunahme der Antilopenpopulation ist der Grasbestand dann zurückgegangen. Wenn es weniger Gras gibt, gibt es auch weniger Buschfeuer, weil nichts da ist, das brennen könnte. Das begünstigt den Wuchs kleiner Sträucher, die sich früher nicht durchsetzen konnten. Die Feuer, die trotz allem ausbrechen, vernichten alle paar Jahre den holzigen Unterwuchs, der nur langsam nachwächst. Gleichzeitig schaffen sie wieder Raum für die Gräser, die schnell wachsen, sobald der Regen kommt.

Dieses Gefüge kann leicht aus dem Gleichgewicht geraten, etwa wenn die Dürren zunehmen. Die Sträucher, die sich trotz allem durchsetzen, sind ungenießbar oder voller Dornen, sodass sie für die Tiere wertlos sind. Über die Jahrzehnte hat sich so eine einst offene Savanne in eine buschige Landschaft mit wenig Futter für wilde Tiere verwandelt. Und gerade in der Trockenzeit, wenn alle Blätter zu Staub zerfallen, wären Gräser so wichtig, weil sie die einzige Nahrungsquelle bilden.

Ich gab mir Mühe und jagte jede Woche acht Gnus, um die Löwen und die anderen Raubtiere in der Auffangstation zu füttern, aber die Tiere wurden nicht weniger. Die Jagd ist ein Bestandteil meines Alltags, doch ich werde mich nie daran gewöhnen. Ich versuche, den Tieren übermäßiges Leid zu ersparen.

Weil die Kalahari insgesamt aufgrund des menschlichen Einflusses heute sehr fragmentiert ist, können die Tiere nicht mehr in andere Gegenden ausweichen oder sich untereinander mischen. Viele Naturschutzgebiete und Nationalparks sind umzäunt, um die Tiere, aber auch die Menschen zu schützen. Um die Bestände zu regulieren und um genetischen Austausch zu gewährleisten, werden dann Wildfangaktionen durchgeführt.

In der Theorie wusste ich darüber Bescheid, denn es war Teil meiner Ausbildung in Südafrika gewesen. Wirklich miterlebt hatte ich so ein Unterfangen nie – bis Willie eines Tages auf den Zeltplatz kam und meinte: «Valentin, die kommen mit vierzig Leuten zum Einfangen und werden hier campen.»

Ich wusste, das ist eine große Sache, und war dementsprechend aufgeregt. Ich war zwar kein Fan von Wildfangaktionen, aber es war besser, als alle Tiere erschießen zu lassen. Ganze Herden werden dabei mit dem Hubschrauber in die Auffanganlagen gescheut, was natürlich Stress für die Tiere bedeutet, ihnen aber immerhin die Haut rettet. Von dort werden sie auf spezielle Allrad-Lastwagen verladen und in andere Gebiete abtransportiert. Einige hundert Gnus, etwa hundert Zebras, einige Dutzend Elenantilopen und ein paar Giraffen müssten umgesiedelt werden, meinte Willie, und ich freute mich wie ein Kind auf den Zirkus mit den Hubschraubern und Lastwagen.

Wie immer in Afrika dauerte alles dann viel länger. Aus ein paar Tagen wurden Woche, dann Monate. Und jede Woche hieß es: «Nächste Woche kommen sie.» Das ist eine Sache, an die ich mich hier wohl nie richtig gewöhnen werde.

DER AUSBRUCH

Sirga brach aus, als sie zwei Jahre alt war. Sie war zu dem Zeitpunkt schon fast ausgewachsen, und ich ging bereits seit Längerem nur noch allein mit ihr spazieren. Das Risiko, dass etwas passierte, durfte ich nicht eingehen.

Es muss ein Honigdachs gewesen sein, der sich am Zaun zu schaffen gemacht hatte. Vielleicht war er auf der Suche nach Knochen oder Essensresten. Sirga wird versucht haben, den Honigdachs zu fangen, aber die sind relativ hartnäckig und fauchen einfach nur. Da macht auch ein Löwe nichts. Vermutlich ist der Dachs dann durch das Loch raus und Sirga hinterher.

Ich lebte mit Sirga etwas abseits. Um fünf Uhr morgens weckte mich ein lautes Scheppern, gefolgt von einem panischen Schrei. Ich sprang geradezu aus dem Schlafsack und griff mein Shirt. In Unterhosen lief ich die paar hundert Meter zum Camp. Auf dem Weg sah ich direkt Sirgas Spuren, die vom Gehege wegführten. Scheiße, dachte ich.

Als ich ankam, war schon ein Angestellter bei der jungen Frau, die geschrien hatte und sichtlich unter Schock stand. Sirga war offenbar schon wieder abgedreht. So ein Glück.

Das Mädel hatte an den Kühlschrank gewollt, als ihr ein Löwe den Weg versperrte. Sirga hatte sich ein Höschen von der Wäscheleine geschnappt, und die Frau musste natürlich denken, Sirga hätte gerade wen gefressen. Als die Frau losschrie, bekam Sirga es mit der Angst zu tun und flüchtete.

Das war ziemlich beängstigend, ich bin ja verantwortlich für alles. Ich rief sofort nach Sirga, und glücklicherweise kam sie auch direkt, sprang mich an, und alles war wieder normal. Sie folgte mir umstandslos ins Gehege. Das Loch unterm Zaun füllte ich notdürftig. Dann gab ich ihr ein paar Stücke Fleisch, damit sie erst mal satt war und ich gehen konnte, sonst wäre sie mir wieder hinterhergelaufen. Und die Frau nahm es, nachdem sie den Schock verdaut hatte, zum Glück mit Humor.

Nach diesem Vorfall verstärkte ich den Zaun und legte Dornenäste ringsherum, damit kein Tier ins Gehege kam. Ich glaube, Willie war auch ziemlich bedient.

Glücklicherweise ging alles gut, und man lernt daraus. Schlauerweise hat das Mädel so laut geschrien und ist nicht weggerannt. Man merkt mal wieder, wie gefährlich so ein Löwe ist, der keine Angst mehr vor Menschen hat.

WILDFANG

Als die Lkws schließlich anrückten, hatte ich gar nicht mehr damit gerechnet, dass die Wildfangaktion noch stattfinden würde. Kurz darauf knatterten Rotorblätter über uns. Der Hubschrauber legte eine schnelle, elegante Landung hin, mitten im Busch, unter den Jubelrufen der Arbeiter. Ein großer Mann um die vierzig stieg aus. Militärstatur, in Khaki gekleidet. Er machte einen harten Eindruck und stellte sich als Mark vor, Chef des Unternehmens.

Mark faszinierte mich sofort. Er redete nicht lange, sondern begann sofort mit der Arbeit und koordinierte den Aufbau. Vierzig Leute luden die Lkws aus. Marks Wohnwagen und die Zelte für die Mitarbeiter kamen auf Willies Zeltplatz. Es war alles genauso aufregend, wie ich es mir vorgestellt hatte.

Willie und Mark gingen dann jagen, weil vierzig Angestellte auch viel zu essen brauchen. Außerdem mussten sie entscheiden, wo sie die Auffanganlage am besten platzierten. Diese Anlagen kann man sich vorstellen wie riesige Trichter, mehrere hundert Meter lang, an der Öffnung wahrscheinlich noch mal so breit. Sie werden aus Stahl, Stangen und Drahtseilen zusammengebaut und haben dicke Planen als Wände.

Mark war extrem gut in seinem Job und wusste unglaublich viel über die Tiere. Er wusste, wie sich jede Art verhält, und konnte genau sagen, wie eine Oryx, im Gegensatz zu einer Herde Gnus, auf seinen Helikopter reagieren würde.

«Gemsböcke», sagte Mark, «sind mit Abstand die schlimmsten. Sie sind unglaublich aggressiv und ziemlich gefährlich.» Er erzählte von Angestellten, die gestorben waren, und dass regelmäßig Leute bei diesen Einsätzen ums Leben kamen. Denn wenn die Tiere verladen wurden, wurden sie panisch – und schlitzten einen im Handumdrehen auf.

Mich beeindruckte, wie Mark alles koordinierte. Er wollte immer früh anfangen. «Fünf Uhr, vor Sonnenaufgang», war seine Devise. Da mussten alle bereitstehen, die Lkws vollgetankt sein, und niemand durfte auf seinem Posten fehlen. Es ging um sekundengenaues Timing, alles musste ineinandergreifen. Selbst meine Gäste standen um fünf da, weil niemand etwas von der Show verpassen wollte.

Noch in der Dunkelheit hoben wir mit dem Hubschrauber ab – ich konnte es kaum fassen, dass ich mitfliegen durfte. Wir suchten den Busch ab, und wenn wir Tiere gefunden hatten, die wir verladen wollten, flogen wir sanft über ihnen, mit etwas Abstand, sodass sie sich nicht erschreckten. Man will sie zwar mit dem Heli in Bewegung setzen, aber nicht so, dass sie laufen und völlig kaputt sind, wenn sie an der Anlage ankommen. Es war mehr ein Joggingtempo, gemütlicher Laufschritt, wobei der Hubschrauber die Richtung vorgab. Man hängte sich an die Seite, machte ein bisschen Lärm und steuerte so die Tiere.

Währenddessen mussten alle, die an der Anlage warteten, sehr leise sein. Sobald sich der Helikopter mit den Tieren näherte, etwa einer Herde Gnus, machten sich die Arbeiter am Eingang der Schleuse vom Trichter bereit. Der Helikopter zog dann hinter den Tieren runter, sodass sie panisch wurden, und weil sie nicht in Richtung der Rotorblätter fliehen konnten, rannten sie in den Trichter. Wenn alle Tiere drin waren, schaltete der Hubschrauber seine Sirene an und der Trichter wurde vorne geschlossen. Dann wurden Trennwände, wie Vorhänge, eingezogen, die den Trichter immer weiter verengten, bis die Tiere kurz vor der Schleuse standen. Von dort gingen sie noch eine Metallrampe hoch und in den Lastwagen. Auch unsere Gäste durften mithelfen, aber nur da, wo es sicher war.

Die Laderampe war mit Gummiböden ausgelegt, damit die Tiere nicht ausrutschten und sich verletzten. Die Lkws hatten Boxen hintendrauf und Schiebetüren an den Seiten, das heißt, man fuhr einfach mit dem Lastwagen ran, die Tiere wurden über die Rampe hochgescheucht, rannten in die Box, und darin waren oben kleine Luken, wo Leute durchsahen und die Klappen schlossen, wenn der Wagen voll war. Natürlich mit Tieren, die zusammenpassten. Also Kühe mit ihren Kälbchen, aber ausgewachsene Bullen zum Beispiel nicht. Bullen bekommen eine Box für sich alleine, weil sie aggressiv gegenüber anderen werden.

Die Tiere waren unendlich nervös, aber sobald der Lastwagen losfuhr, beruhigten sie sich, weil sie sich konzentrieren mussten, die Balance zu halten. Das machten wir uns zunutze. Beim Fahren war es wichtig, dass es nicht zu sehr schaukelte, weil die Tiere sonst gegen die Wand knallten oder schlimmer: sich das Genick brachen. Wenn der Lkw noch nicht voll war, mussten wir so lange Runden mit dem Heli drehen, bis die nächsten Tiere im Trichter standen. Und das konnte dauern.

Mark hatte mehrere Wochen in der Gegend zu tun. Er brachte mir in der Zeit ein wenig das Fliegen bei und ermutigte mich, den Pilotenschein zu machen, um ihn bei künftigen Wildfangaktionen zu unterstützen. So begann unsere Freundschaft.

ROADTRIP

Marks Wohnwagen hatte einen großen Fernseher, ein Vordach gegen die Sonne und einen eigenen Grillplatz. Abends saßen wir oft zusammen, tranken Bier, und Mark erzählte von Nationalparks und Verwaltern, von Naturschutz und den Behörden. Er war in Afrika aufgewachsen und hatte damit einen ganz anderen Zugang als ich.

Ich weiß nicht mehr genau, wie wir darauf kamen, dass Mark mir von seiner Farm erzählte, unten im Süden, wo Löwen frei herumliefen und es weit und breit keine Menschen gab. Eine Wildnis, wie er sie beschrieb, kannte ich nur aus den Nationalparks. Ghanzi, wo ich war, war ein Kaff, aber für Botswana schon eine größere Stadt. Die Gegend war geprägt von Landwirtschaft. Während es im Delta Krokodile, Nilpferde und Elefanten gab, hatten wir Rinder, Kartoffeln und Zwiebeln. Ghanzis Wildgebiete waren Areale, die für den Tourismus betrieben wurden, für die kommerzielle Jagd und Fleischverkäufe.

Wenn ich während dieser Wochen, in denen Mark bei uns zu tun hatte, nachts durch die Dunkelheit zurück zu meinem Zelt stapfte, dachte ich oft darüber nach, wie es wäre, mit Mark im Süden zu arbeiten.

Eines Morgens, draußen hob und senkte sich die Landschaft, wir folgten gerade wieder Tieren aus der Luft, sagte Mark plötzlich über den Sprechfunk: «Valentin, willst du nicht auch dein eigenes Ding machen?»

Ich wusste gar nicht, was ich sagen sollte.

«Ich kenn da jemanden, der hat noch ein Stück Land frei, unten bei mir. Willst du es dir ansehen?»

Ich glaube, ich habe selten so schnell meine Sachen gepackt. Wir hatten zu dieser Zeit noch zwei Gäste, ich wollte aber unbedingt runter und mir die Gegend ansehen, also sagte ich zu Sarah: «Nehmen wir sie mit – und machen einen Roadtrip!»

Mein Geländewagen, ein Zweisitzer-Pick-up, hatten hintendrauf eine Kabine, da packte ich zwei Matratzen rein für unsere Gäste. Nach achthundertfünfzig Kilometern erreichten wir das alte Farmhaus, wo Mark mit seiner Familie wohnte. Es sah aus, als stünde es schon seit Ewigkeiten dort. Mark begrüßte uns auf der Veranda und meinte, wir könnten gleich weiter zum Besitzer. Der hatte ein Ferienhaus direkt nebenan. Er war um die siebzig, hatte weiße Haare und einen weißen Bart. Er kam gleich zur Sache und meinte, er wolle weder groß verkaufen noch primär Geld verdienen. Wichtig sei ihm, dass etwas Sinnvolles mit dem Gelände passiere und dass es sich selber trage. Ich stellte ihm meine Pläne für ein Ökotourismus-Camp vor, das jungen Leuten die Natur und den Artenschutz nahebringen sollte. Wir quatschten, bis es draußen dunkel wurde und die Grillen zirpten. und schließlich waren wir uns einig.

Die Gegend, die für uns infrage kam, war noch mal neunzig Minuten Fahrt von der Farm entfernt, offroad durch den Busch. Das Gebiet war damals noch nicht eingezäunt, einfach nur Koordinaten auf der Landkarte, direkt am Rand eines riesigen Nationalparks. Früh am nächsten Morgen ging es los. Ich hatte in den Wochen vorher auf Google Earth alles geplant und einige Koordinaten für interessante Ecken ins GPS gespeichert.

Während Willies Land flach war mit wenigen Bäumen, aber meterhohen dornigen Büschen, sodass man selten mal weit sehen konnte, eröffnete sich nun vor mir eine Afrika-Postkartenlandschaft. Rote, sandige, grasüberwachsene Dünen und weite, offene Flächen. Stand man auf einer Düne, konnte man richtig weit schauen, und überall in der Graslandschaft standen vereinzelte große Akazienbäume, die Schatten spendeten.

Unterbrochen wird die Landschaft von sogenannten Pfannen. Das sind oft kreisrunde Plätze, wo der eigentlich rote Sand stark kalkhaltig und deshalb weiß ist. Dort wachsen nur noch kniehohes Gras und kleine Büsche. Vor etwa sechzehntausend Jahren war die Kalahari eine Seenlandschaft, und diese Pfannen sind die Überbleibsel davon. In guten Regenzeiten verwandeln sie sich heute noch, wenn auch nur kurzzeitig, in Seen und Tümpel, in ein temporäres Paradies, welches noch bis vor vergleichsweise kurzer Zeit die Gnuherden auf ihren Wanderungen genutzt hatten. Natürlich war diese abgelegene, wilde Gegend wie ein Traum für mich. Und dann noch die Möglichkeit, hier etwas Eigenes aufzubauen und sich um den Erhalt dieser Wildnis zu kümmern – einfach unglaublich!

Auf der Rückfahrt zu Marks Farmhaus war ich natürlich überglücklich. Dass das so unkompliziert und schnell gehen würde, hätte ich nicht gedacht. Außerdem konnte ich zum ersten Mal selbst die Planung übernehmen. Ein zwanzig Quadratkilometer großes Reservat für Sirga, das war es, was mir vorschwebte.

Ich fuhr durch die Dunkelheit. Im Kopf überschlug ich die nächsten Schritte. Wir mussten dringend an Wasser kommen, das war das Erste. Für uns, aber auch für die Wasserlöcher für die Tiere. Ohne Wasser bliebe das Areal leer. Dann bräuchten wir natürlich Zäune und die notwendigen Genehmigungen. Ich brauchte auch dringend Leute, die mit anpacken konnten. Die das Areal für uns freikratzten, damit wir die Zäune aufstellen lassen konnten, Zuwege und Feuerschneisen hatten. Allein, so viel war sicher, würde ich das nie schaffen.

Die Gegend war so unberührt und schön, aber gleichzeitig hart und unbewohnbar. Nachts, während des Offroad-Fahrens durch diese Pampa, schlug mir das hohe Gras gegen den Motor, und obwohl es schon dunkel war, sah alles unglaublich toll aus. Beim Blick aus dem Fenster dachte ich: Das wird alles meins. Hier werde ich leben – ohne jemanden, der mir sagt, was ich machen soll. Mein unberührtes Stück Afrika.

Besonders an diesem Gelände war, dass es an eines der endlosen Naturschutzgebiete Botswanas grenzte. Die Tiere wären also in Sicherheit. Nirgends gab es Farmen, wo sie geschossen würden. Ich spürte die unglaublichen Möglichkeiten. Der Wasserzugang war eine ungeheure Investition, aber zum Glück hatte sich der Besitzer bereit erklärt, Wasser und die ersten Zäune zu finanzieren, und ich dann den Rest. Schon in meinen ersten Tagen in Botswana hatte ich Thoralf kennengelernt, einen Wissenschaftler, der bereits seit Jahrzehnten in Botswana Projekte hatte und an der Uni Texas lehrte. Viele meiner kleinen Jobs in der Anfangszeit waren für Thoralf auf diversen seiner Forschungstrips in der Kalahari. Er und seine Frau Kelley wollten Geld dazugeben, damit wir eine Forschungsbasis aufbauen konnten. Damit wollten die beiden ihre Studien und wissenschaftlichen Arbeiten hier erweitern. Ich war überglücklich, und die Nacht verstärkte dieses Gefühl.

NACHTS IN DER WÜSTE

Sarah und ich fuhren zurück nach Ghanzi, die beiden Gäste wieder hinten auf der Matratze. Ich hatte eigentlich vorgehabt, früher aufzubrechen wegen der langen Fahrt, aber wir hatten uns festgequatscht. In der Dunkelheit konnten wir nur extrem langsam fahren.

Wir folgten einer geraden Piste am Rand des Central Kalahari Game Reserve, des riesigen Nationalparks, der sich Hunderte Kilometer durch die Wüste erstreckte.

Anders als die Teerstraße waren diese Wege nachts besser zum Fahren, weil man nicht so schnell ist. Wenn man nachts auf einer asphaltierten Straße unterwegs ist, liegen überall Ziegen, Kühe und Esel, und man sieht sie viel zu spät, weil es natürlich keine Straßenbeleuchtung gibt.

Obwohl jeder hier extra Lichter auf seinem Wagen hat, sieht man die Esel kaum, weil sie mit dem Hintergrund verschmelzen. Man fährt also den Highway im Dunkeln, und dann ist es zu spät. Das kann übel enden. Für einen selbst, für das Tier, aber auch in der Wüste liegen zu bleiben ist ziemlich gefährlich, weil in der Nacht keine Hilfe kommt.

Gerade in der Regenzeit stehen die Tiere gerne auf der Straße, weil sie das Wasser vom Teer ablecken. Und in der Trockenzeit, wenn es nachts richtig kalt ist, liegen sie auf dem Asphalt, weil er die Wärme des Tages speichert. Die Tiere sollten eingesperrt sein, finden viele, aber die Besitzer stört das nicht. Deshalb wollte ich es vermeiden, nachts zu fahren.

Ich weiß noch, dass es auf der Rückfahrt sehr kalt war, die Heizung war voll aufgedreht. Ab und an sahen wir am Straßenrand in der Dunkelheit Wildhunde stehen oder Leoparden, die ihre Köpfe hoben. Da sahen wir plötzlich Lichter am Horizont, mitten in der nächtlichen Wüste.

Weil alles so flach und weit ist, dass man fast unbegrenzt sehen kann, dauerte es ewig, bis wir die Quelle ausmachen konnten. Dann erschienen in den Lichtkegeln Militärtrucks, die am Straßenrand postiert waren. Soldaten mit Helmen und Gewehren vor der Brust standen in der Wahnsinnskälte auf den Ladeflächen der Fahrzeuge und winkten uns ran.

«Was wollen die von uns?», fragte Sarah besorgt.

«Keine Sorge», erwiderte ich, aber ein wenig mulmig war mir auch. Ich wusste, dass normale Touristen diese Wege nicht befahren durften. Eigentlich benutzten nur zwei Sorten von Leuten diese Wege: diejenigen, die die Feuerschneisen schnitten und Brände bekämpften – und illegale Wildtierjäger.

Ich beugte mich aus dem Fenster und erklärte, dass uns eine Farm in der Nähe gehörte.

Der eine Soldat kam langsam näher an unser Auto, sein Gewehr lässig vor der Brust baumelnd. Er sagte irgendetwas zu seinen Kameraden, das ich nicht verstand. Sie lachten. Als er dicht an meinem Fenster stand, fragte er nur: «Bist du nicht dieser Typ mit dem Löwen?»

Ich nickte perplex. «Ja», meinte ich dann, «Valentin.»

Er nickte auch, klopfte grinsend auf die Motorhaube und wünschte uns eine gute Fahrt.

OBELIX, DAS NASHORN

Weil es für Mark sehr teuer und aufwendig war, sein ganzes Equipment quer durch Botswana zu fahren, versuchte er immer, möglichst mehrere Jobs in einer Gegend zu machen. Auf der anderen Seite von Ghanzi gab es ein privates Wildgebiet, wo Nashörner umgesiedelt werden sollten.

Breitmaulnashörner sind tolle, friedliche Tiere. Mit Gästen kann man wunderbar auf ihren Spuren laufen. Dann wandert man durch die Büsche dem Nashorn hinterher, bis es unvermittelt vor einem steht. Es gibt dieses Gerücht, dass mehr Menschen in Afrika durch Nilpferde und Nashörner sterben als durch Raubtiere. Ich weiß nicht, ob das stimmt. Aber wenn man ein Nilpferd aufschreckt, flüchtet es in der Regel Richtung Wasser. Oft ist die Vegetation nah am Flusslauf sehr dicht, und wenn sich Menschen dort aufhalten, dann befinden sie sich mit hoher Wahrscheinlichkeit auf den Trampelpfaden der Tiere. Wenn das Nilpferd panisch da durchpflügt, kann es schnell zu Unfällen kommen. Dazu gibt es hier viele Menschen, die nicht schwimmen können. Wer hält sich schon gern im tiefen Wasser auf, wo es vor Krokodilen und Nilpferden wimmelt? Da bleibt man lieber im seichten Nichtschwimmerbereich, wo man den Boden gut sehen kann.

Nichtsdestotrotz überqueren Menschen in Mokoros, das sind Kanus aus ausgehöhlten Baumstämmen, die Flüsse und fangen Fische. Nilpferde sind im Wasser zwar eigentlich sehr entspannt, aber Mütter können aggressiv sein, wenn sie Nachwuchs dabeihaben. Dann kippen sie so ein Kanu einfach um, was böse ausgeht, wenn man nicht schwimmen kann. Es ist also oft nicht die Aggressivität der Tiere, sondern die Angst vor uns Menschen, die diese häufig tödlichen Unfälle verursacht. Wenn man das Verhalten der Tiere kennt, sinkt die Gefahr.

Genau wie Nilpferde sind Nashörner eine Attraktion. Sie vermehren sich unglaublich langsam, denn eine Kuh ist erst mit fünf Jahren geschlechtsreif, die Bullen sogar erst mit zehn, und bringt ganze sechzehn Monate später ein einziges Kalb zur Welt. Das macht die Wilderei noch bitterer.

Mark meinte also zu mir: «Die müssen abtransportiert werden. Es sind drei Bullen, die anderen sind wohl schon weg. Willie meinte, er nimmt zwei.»

«Ich kann den letzten nehmen», sagte ich spontan, denn ich hatte ja jetzt Land. «Vielleicht können wir das Tier ins neue Gebiet runterbringen. Was meinst du?»

Ich dachte, ein Nashorn hätte ich auch gerne in meinem neuen Camp. Warum es nicht versuchen? Mark fand die Idee gut. Er schlug die Wagentür zu, und wir gingen den Weg hoch zum Farmhaus. Mark vereinbarte, dass wir zwei Bullen in den nächsten Tagen mitnehmen würden und den letzten, sobald wir den Transport ganz bis in den Süden organisiert hatten. Während die beiden sprachen, dachte ich an das Nashorn und taufte es auf den sympathischen Namen «Obelix».

Unser neues Gebiet bei Tsabong war knapp siebzig Kilometer weit weg von der Teerstraße. Und es ging durch feinen Sand. Mark hatte zwar Lastwagen, die den schwierigen

Transport mit dem Nashorn machen konnten, das Problem war aber, dass unsere Gegend bislang nicht mal einen Zaun hatte – und auch weit und breit kein Wasser. Es war also nicht möglich, dort ein Nashorn zu halten. Aber gleichzeitig musste Obelix das alte Gebiet verlassen.

Ich hatte mit dem Besitzer schon alles ausgehandelt: Er würde eine Wasserleitung über einhundertzwanzig Kilometer bis zu uns legen und das Gelände ordentlich einzäunen. Aber das dauerte alles. Und ohne Wasser kein Valentin und auch kein Obelix. Und ohne Zäune keine Genehmigung. Ich hatte mich im Gegenzug bereit erklärt, den Bau der restlichen Infrastruktur zu übernehmen, alles mit den Behörden vor Ort zu organisieren, um die nötigen Genehmigungen zu bekommen, und auch die zusätzlichen Zäune für Sirgas Reservat zu errichten.

Ich hatte also ein kleines Problem. Wenn du wilde Tiere hältst oder auswildern willst, brauchst du eine Genehmigung der Wildtierbehörde. Die kommen und schauen, ob die Tiere gesichert sind und artgerecht leben. Heute ist es so, dass wir alle auf der Farm leben, die Angestellten sind immer da. Alle paar Tage überfliege ich unsere Gegend mit dem Flugzeug. Das hilft natürlich gegen Wilderer. Auch die Zäune sind nagelneu und ordentlich hoch. Aber damals hatten wir all das noch nicht.

Also beschlossen wir, während wir den Umzug organisierten und die Anträge für die Genehmigung einreichten, um Sirga mitzunehmen, dass das Nashorn zunächst zum Nachbarn sollte. Er hatte ein weiteres Wildgebiet, wo alles schon vorhanden war, um ein Nashorn anzusiedeln.

Wir standen auch deswegen unter Zeitdruck, weil Wilderei in Botswana ein großes Problem ist. Auch wenn ein Tier eines natürlichen Todes stirbt, werden die Hörner konfisziert, weil sie ein illegales Schwarzmarktprodukt sind, das nicht in den Handel kommen darf. In Südafrika hingegen darf man es behalten. Aber wenn hier ein Nashorn stirbt, kommt die Wildtierbehörde, sammelt es ein und bewahrt es auf. Genauso wird mit Fellen von Löwen und dergleichen verfahren. Man darf derlei in Botswana überhaupt nicht besitzen.

Es ist mittlerweile so weit gekommen, dass sogar die letzten wilden Nashörner im Okavangodelta in kleinere und überschaubare Gebiete umgesiedelt werden müssen. Die Wilderer schleichen sich nachts, oft bei Vollmond, an die Tiere heran, schießen das Nashorn, hacken ihm mit dem Beil das Horn ab und lassen den Kadaver liegen. Oft wird die Leiche dann auch noch vergiftet, damit die Geier, die kommen, um das Fleisch zu fressen, alle sterben. Denn Hunderte Geier, die über einem toten Nashorn kreisen, würden sofort verraten, wo die Wilderer zugeschlagen hatten. Um das zu vermeiden, vergiften sie also die Geier und leider natürlich auch viele andere Aasfresser. Der Schaden für das gesamte Ökosystem ist immens.

Das Horn eines Nashorns ist mehr wert als sein Gewicht in Gold. Auf so einer Nase sitzen also schon mal mehr als einhunderttausend Euro. Auf dem Schwarzmarkt sind die eine große Sache. Man muss nur mal überlegen, wie viel oder wenig jemand hierzulande erbeutet, der eine Tankstelle ausraubt.

Es ist ein einfacher, überschaubarer Job, in ein Wildgebiet einzubrechen und ein paar Kugeln abzufeuern. Das ist leichter, als eine Bank zu überfallen. Das heißt, es ist ein Riesenproblem. Wir fahren hier die ganze Zeit Patrouille. Dass die Nashörner so schnell verschwinden, kann niemand stoppen. Effektiven Schutz gibt es nur noch in kleineren Gebieten, wo die Sicherheitsmaßnahmen besser greifen als in den riesigen Nationalparks.

Man kann die Hörner, die wie unsere Fingernägel aus Keratin bestehen, alle drei bis vier Jahre abschneiden. Aber selbst für den Stumpf, der übrig bleiben muss, um das Tier nicht zu verletzen, werden viele Nashörner trotzdem gewildert. Außerdem kostet das Abschneiden den Halter einen Haufen Geld. Ein Tierarzt muss das Tier jedes Mal betäuben, was auch nicht toll ist für das Nashorn, und erst dann kann jemand hingehen und das Horn absägen.

Nashörner sind ein Riesenthema hierzulande. Es gibt Privatleute in Südafrika, die besitzen zweihundert Nashörner. Sie dürfen aber kein Geld mit den Tieren verdienen, müssen sich um die artgerechte Haltung kümmern und immer wieder die Hörner abschneiden lassen. Die geben Tausende aus, damit der Tierarzt alle paar Jahre die Tiere vom Hubschrauber aus betäuben und versorgen kann und um das Horn abzuschneiden, und dann dürfen sie die Hörner nicht einmal selbst verkaufen. Also wird diskutiert: Warum wird der Markt nicht teilweise legalisiert? Denn mit dem Geld könnte der Besitzer Zäune reparieren, Mitarbeiter einstellen und in den Schutz der Tiere investieren. Aber so müssen sie ständig fürchten, dass ihre Tiere einfach abgeknallt werden.

Dazu kommt der Mythos um das Horn. Gerade in Vietnam und China gilt es als Aphrodisiakum. Obwohl es keinen nachgewiesenen medizinischen Nutzen hat, wird das Horn dort schon lange als Teil der traditionellen Medizin gegen zahlreiche Krankheiten eingesetzt – sogar gegen Krebs. Viele der Hörner gehen aber an Leute, die sie sich einfach als Statussymbol leisten. In Clubs und auf Partys wird das Pulver des Horns gereicht wie eine Droge, um zu zeigen, man hat Kohle. Ganze Hörner als Geschenk an Beamte können einen Gefallen erkaufen.

Wegen alldem sind Breitmaul- und Spitzmaulnashörner akut vom Aussterben bedroht. Es gibt nur noch wenige Gebiete im südlichen Afrika, wo es noch wilde Nashörner gibt. In Botswana hat man einige über die letzten Jahre ins Okavangodelta gebracht, aber die meisten davon sind schon wieder gewildert worden. Die Welt ist wirklich kein schöner Ort für Nashörner.

Wenn ich also dafür sorgen konnte, zumindest ein Tier in relative Sicherheit zu bringen, wollte ich es versuchen. Aber die ganze Aktion war natürlich auch vollkommen irre. Wir hatten schon Gnus gefangen, Giraffen und alles Mögliche. Aber ein Nashorn ...

Die betäubt man wirklich nur so, dass sie ein bisschen dusselig im Kopf werden, und dann kann man hingehen und ihnen ein Handtuch über die Augen legen. Anschließend knotet man ein Seil vorne um die Nase zwischen die zwei Hörner. Und wenn sie nichts mehr sehen und hören, kann man sie ein bisschen führen.

Ein normales Betäubungsmittel reicht da natürlich nicht. Dafür nimmt man M99, ein Etorphin, das ein Verwandter des Morphins ist, nur bis zu dreitausendmal stärker. Das Zeug ist unglaublich potent. Die Ärztin musste also beim Betäuben aufpassen, weil ein paar Milliliter reichen, um einen ganzen Elefanten zu betäuben, und davon willst du nichts aus Versehen auf die Hand kriegen. Das M99 wird vom Hubschrauber aus per Spritze aus einem Gewehr verschossen.

Als das Nashorn getroffen war, musste alles relativ schnell gehen. Das Gegengift musste innerhalb von maximal zwanzig Minuten nachgesetzt werden, weil das Tier sonst stirbt.

Wenn man den Zeitpunkt verpasst, weil man es nicht schnell genug abgedeckt und angebunden kriegt, schießt man das Gegengift vom Hubschrauber aus und lässt das Nashorn laufen. Dann dämmert es durch den Busch, und man muss monatelang warten, bis man es wieder versuchen kann. Es ist also relativ wichtig, dass alles direkt reibungslos abläuft. Bei den ersten beiden Tieren ging auch alles gut, aber mein Obelix wehrte sich.

Als ich versuchte, ihm das Handtuch überzulegen, wurde mir klar, dass er nicht ordentlich betäubt war. Wie später klarwurde, hatte der Pfeil mit dem M99 nur seine Rippe getroffen, weswegen das Zeug nicht so schnell wirkte. Jedenfalls wollte ich ihm die Augen abdecken, und da holte er mit seinem Kopf aus und boxte mich. Ich flog tatsächlich einige Meter weit in den Busch, blieb aber bis auf eine Prellung unverletzt.

Die beiden Bullen kamen zu Willie, und Obelix wurde zu unserem neuen Nachbarn gebracht, der sich dann monatelang um Obelix kümmerte, während ich versuchte, den großen Umzug zu organisieren.

Es war eine aufregende Vorstellung, ein eigenes Nashorn zu haben. Ich freute mich riesig darauf, es in unserem neuen Zuhause laufen zu sehen. Aber manchmal kann man sich alle Mühe der Welt geben, und es ist trotzdem vergeblich. Es waren keine Wilderer, die Obelix zur Strecke brachten, es war einfach Pech. Ich habe noch ein paar Fotos von ihm, wie er bei den Nachbarn steht; das ist alles, was mir geblieben ist.

Er hatte wohl sein Revier markiert und mit den Füßen in einem Tümpel gestanden, als ihn das Unwetter überraschte. Der Zwei-Tonnen-Klotz wurde vom Blitz getroffen. Er war sofort tot. Die Regierung konfiszierte das Horn, seine Überreste wurden verbuddelt.

Den Wilderern war er entkommen, und dann so was.

PRÄSIDENTENBESUCH

Überall standen Leibwächter herum, und bewaffnete Soldaten blockierten die Wege zur Lodge. Willie hatte nur gesagt: «Valentin, komm rüber, der Präsident ist da.» Also stieg ich ins Auto und fuhr vorsichtshalber einen großen Umweg. Direkt über die Landebahn wäre es zwar schneller gegangen, aber da stand der Flieger des Präsidenten und drumherum Leute von der Armee. Später erzählte mir einer, dass sie geschossen hätten, wenn ich es versucht hätte.

Als ich an der Lodge ankam, sah ich an mir herunter. Eigentlich kein Aufzug, um einem Präsidenten gegenüberzutreten. Willie meinte, der Präsident habe sich gerade hingelegt. Der mache Mittagspause, ich solle zurückfahren. Aber später würden sie zu mir kommen, ich solle dem Präsidenten Sirga zeigen. So hatte ich zumindest noch Gelegenheit, mich umzuziehen.

Botswanas Präsident war, wie ich hörte, ein tierlieber Mensch und ein echter Naturfreund. Das Land und seine Tierwelt lagen ihm sehr am Herzen. Er hatte wohl von Sirga und mir gehört und wollte sich selbst ein Bild von unserer außergewöhnlichen Verbindung machen.

Am Nachmittag fuhr die Autokolonne vor. Wir unterhielten uns kurz, dann bat mich der Präsident, ihm Sirga zu zeigen. Sobald ich die Gehegetür geöffnet hatte, sprang Sirga mich an und nahm mich in den Arm. Der Präsident stand am Zaun und lächelte. Er sah mit seinen Leuten zu und fragte dann, ob er mit reindürfe. Ich versuchte ihm schonend beizubringen, dass sie dafür wirklich schon zu groß war. Das Letzte, was ich gebrauchen konnte, war, dass Sirga den Präsidenten durch das Gehege schleifte. Zum Glück war er einsichtig. Er blieb vielleicht zwanzig Minuten, dann zog sein Tross wieder ab.

Ich war ein wenig stolz und dachte: «Wow, Valentin. Der Präsident kommt dich besuchen.» Aber es sollte ein böses Nachspiel haben.

Einige Tage später rief Willie mich über Funk, meinte, ich solle schnell rüber zur Lodge kommen. Als ich ankam, standen vier Geländewagen vor der Farm: Polizei, Militär, Wildtierbehörde und eine Art Geheimpolizei. Drinnen empfingen uns Männer in Uniformen mit dunklen, verspiegelten Sonnenbrillen.

Willie flüsterte mir zu: «Valentin, die wollen dich mitnehmen.» Offenbar stand der Vorwurf im Raum, ich wäre nach Botswana gekommen, um illegale Geschäfte zu tätigen.

Ich versuchte, locker zu bleiben. Was blieb mir auch anderes übrig? Dann löste einer von ihnen seine Handschellen vom Gürtel. Ich meinte, dass es sich doch bestimmt um ein Missverständnis handele, und auch Willie redete auf die Leute ein. Und Willie hat Einfluss in Botswana. Er sagte zu den Leuten: «Das ist nicht nötig. Valentin läuft nicht weg.» Ich selbst war mir da nicht so sicher. Am Ende durfte ich mit dem eigenen Auto hinter der Kolonne herfahren. Vor lauter Nervosität fuhr ich voll über einen großen Stein und zerlegte mir die Ölwanne.

Auf der Polizeiwache angekommen, wurde mir vorgeworfen, dass ich keine eigene Touristenlizenz hätte, um ein Geschäft mit Gästen zu betreiben. Ich sagte, dass ich seit Jahren versuchte, eine zu bekommen, aber dass man sie mir partout nicht ausstellen würde, obwohl das längst überfällig sei. Dachte ich jedenfalls. Alle Unterlagen lagen vor, soweit ich wusste, und ein Gewerbe hatte ich auch angemeldet. Außerdem meinte ich, dass Willie und ich doch einen Vertrag hätten, in dem klar stehe, dass ich mein Gewerbe im Rahmen seiner Lizenz betreibe. Offiziell waren es also seine Gäste, ich betreute sie nur.

Die örtlichen Behörden hatten mir bestätigt, dass der Vertrag gültig war. Auch als die Story mit Sirga viral ging, gab es für mich keinen Anlass zur Sorge. Selbst die Regierungsseiten hatten Fotos von mir geteilt und darauf aufmerksam gemacht. Ich dachte nie auch nur eine Sekunde, dass ich etwas Illegales tat.

Man setzte mich in einen kargen Raum und ließ mich warten. Dann sollte ich vor versammelter Mannschaft Paragrafen vorlesen. Über Tourismus und Lizenzen. Über Strafen, die verhängt werden konnten. Da wurde mir richtig mulmig. Die Sanktionen reichten von zweitausend Euro Strafe bis zu sieben Jahren Gefängnis.

Aber alles, woran ich denken konnte, war: Wenn ich sieben Jahre in Botswana ins Gefängnis muss, was wird dann aus Sirga?

Ich wollte nie im Leben etwas Illegales machen, und genauso sagte ich das auch. Ich wiederholte nur immer wieder: «Ich habe doch einen Vertrag mit Willie!»

Sie wollten dann wissen, wer mir gesagt hätte, dass das legal sei – und ob ich das schriftlich hätte. Heute lasse ich mir alles schriftlich geben, aber damals wusste ich das noch nicht. «Ich habe nichts Schriftliches», gestand ich und hatte das Gefühl, die Wände kommen langsam auf mich zu.

Mir schossen so viele Gedanken durch den Kopf. Muss ich jetzt ins Gefängnis? Werde ich ausgewiesen, weil ich kein Staatsbürger bin? Werde ich nie wieder einreisen dürfen? Ich saß da, den Kopf auf die Hand gestützt, und dachte, das wird alles ganz furchtbar.

Durch die Tür hörte ich Willies Stimme, wie er auf jemanden einredete.

Schließlich kam er mit einem Vertreter der Tourismusbehörde herein. Der Beamte nahm sich viel Zeit, um mir alles zu erklären. Er meinte, sie verstünden, dass es nicht meine Absicht gewesen sei, gegen das Gesetz zu verstoßen, und dass es als Ausländer bestimmt nicht einfach sei in Botswana. Grundsätzlich hätten sie mich gerne hier, weil ich Touristen ins Land brächte, weil ich lokale Angestellte hätte, die ich ordentlich bezahlte. Er machte eine Pause.

«Und was bedeutet das alles jetzt?», fragte ich ungeduldig.

«Du musst dein Camp bei mir dichtmachen», ergriff Willie das Wort.

Ich verstand gar nichts. Ich hatte doch noch Gäste – und Sirga. Außerdem standen im neuen Camp in Tsabong nicht mal Zäune. Wo sollte ich denn mit allem hin?

Das Ende vom Lied: Weil das Camp, das ich ein paar hundert Meter weiter gebaut hatte, offenbar nicht mehr in Willies Lizenz fiel, war es illegal. Es blieb mir nichts anderes übrig, als vorübergehend in sein altes Camp zu ziehen. Also alles auf Anfang, zumindest bis endlich der Umzug geschafft war.

Die nächsten Wochen waren deprimierend. Ich saß plötzlich wieder im alten Camp und durfte offiziell nicht mal rüber. Da Willie seinen Zeltplatz aber selbst benötigte, hatte ich eigentlich gar nichts mehr.

Ich steckte all meine Energie in den Umzug, trug alle Unterlagen zusammen und reichte Anträge ein, um für das neue Camp eine offizielle Lizenz auf meinen eigenen Namen zu bekommen. Noch einmal würde ich mich nicht abführen lassen wie ein Verbrecher. Sie meinten, wenn alles fertig ist, kommen wir gucken, dann gibt es eine Generalinspektion – und eine Woche später hast du deine Lizenz.

Ich schöpfte gerade wieder Zuversicht, da kam der nächste Hammer. Wir hatten alles mit der Tourismusbehörde geklärt, da meinte die Nationalparkbehörde: Der Löwe geht nirgendwohin. Sie hatten gesehen, dass ich mit Sirga spazieren gehe, und meinten, das sei strikt verboten – aus Sicherheitsgründen. Der Löwe dürfe überhaupt nie sein Gehege verlassen.

Sirga saß damit fest. Unsere Genehmigung gab uns nur das Recht, Tiere in Gefangenschaft zu halten, aber eben nicht, mit Sirga draußen spazieren zu gehen. Sie würde eine Gefahr für Menschen darstellen. Weil sie ausgewachsen war, wäre das Risiko zu groß.

Auf dem Rückweg überlegte ich hin und her. Ich musste so schnell wie möglich diesen verdammten Zaun bauen und mir was einfallen lassen.

Vor Wut und Enttäuschung hätte ich ins Lenkrad beißen können.

LAGERPLATZ

Das Pendeln nach Tsabong war anstrengend. Die Verträge waren unterschrieben, Investoren gefunden, und ich saß im Sand und schraubte an neuen Toiletten, während ich darüber nachdachte, dass ich dieses wiederholte Umziehen und Neubauen wirklich satthatte.

Es war mein Traum, aber vieles davon war so anstrengend, dass ich letztlich nur an Sirga dachte; die einzige Möglichkeit, sie aus dieser Lage zu befreien, war, an eine Genehmigung zu kommen, um Sirga ein freies Leben zu ermöglichen, fernab von Farmen und Leuten, die das verhindern wollten. Ich dachte, wenn du jetzt nicht dranbleibst, Valentin, dann war es das.

Schon lange vor dem Umzug hatten Leute auf dem neuen Gelände begonnen, Schneisen für Zäune in die Landschaft zu schlagen. Der Besitzer würde diese Arbeiter ohnehin bezahlen, das mit der Umzäunung sei eine rechtliche Sache. Wenn ich wollte, könnte ich gleich einen Teil für Sirga mit erledigen lassen, wenn sie sowieso dabei wären, das sei billiger.

Ich skizzierte also meine Ideen. Dazu muss man wissen, dass Löwenreviere zwar groß sind, was aber viel damit zu tun hat, wie viel Nahrung es dort gibt. Wenn eine Gegend viel Vegetation hat, gibt es dort so viele Beutetiere, dass ein Rudel dementsprechend auf relativ kleinem Raum auskommen kann. Aber in unserer Halbwüste, im Süden Botswanas, wo nicht viel wächst und es kaum Regen- oder Oberflächenwasser gibt, benötigen Löwen mitunter riesige Gebiete, die viel größer sind als anderswo in Afrika.

Wissenschaftlich gesehen, fängt ein Löwenrevier bei zwanzig Quadratkilometern an. Das sind kleine Reviere. Darin leben vielleicht ein paar Löwen, und wenn neue geboren werden, müssen sie auswandern. Aber nur eine kleine Löwenfamilie kann so leben – ohne Zaun, frei und wild. Das ist das Minimum: zwanzig Quadratkilometer, zweitausend Hektar. Dieses Minimum wollte ich halten, weil es für Sirga alleine in jedem Fall genug war, um frei zu leben.

Gleichzeitig ging es auch darum, dass Löwen in Afrika unglaublich gefährdet sind. Sie stehen zwar im Moment nicht offiziell auf der Liste der vom Aussterben bedrohten Tiere, aber mit Blick auf die Zahlen wird sich das bald ändern. Sie verschwinden unglaublich schnell. Löwen, die sich außerhalb von Gehegen finden, sind zwar frei, zahlen aber einen hohen Preis. Sie werden gehetzt, geschossen, gejagt oder einfach vergiftet, weil sie angeblich ein Problem für die Menschen darstellen. Und auch dagegen war der Zaun gedacht.

Also sagte ich, ein Viertel der Gegend solle als Quadrat ausgeschnitten werden: zwei lange Zäune, neun Kilometer insgesamt. Doch das war dem Besitzer zu teuer – aber ich hatte schon einen Plan in der Tasche. Denn einerseits hatten wir Freunde, die als Investoren in das neue Camp einsteigen wollten, und andererseits war Mikkel auf die Idee gekommen, unsere zahlreichen Follower für ein Fundraising zu nutzen. Es lief unglaublich. Erst musste ich in die Reserven greifen, aber nach und nach hatten wir einhundertzwanzigtausend Euro zusammengesammelt.

LAGERPLATZ

Für Sirga mussten wir nicht nur die neun Kilometer ziehen, sondern auch die schon gezogenen Außenzäune, insgesamt achtzehn Kilometer, aufstocken lassen, damit es ringsherum gesichert war. Die neuen Zäune hatten einundzwanzig Drähte, die im Abstand von zehn Zentimetern gespannt waren. Alle fünfhundert Meter kam eine Station, wo die Drähte gespannt wurden, alle zwanzig Meter ein dicker Zaunpfahl, und alle zwei Meter war ein Stabilisator eingebaut. Zusätzlich kam auf die untere Hälfte noch ein Maschendrahtzaun und auf jeder Seite mit dreißig Zentimetern Abstand vom Zaun noch einige Elektrodrähte. Das war ein ziemlich ordentlicher Zaun.

Wir mussten das Geld ziemlich flott ausgeben, weil die Crew schon am Werk war und wissen wollte, wo die Schneisen zu schlagen waren. Dafür brauchten sie von uns die Koordinaten. Auf jeder Seite vom Zaun wird ein Streifen von Vegetation freigehalten, damit Feuer nicht durchkommen, weil sie keine Nahrung finden. Dann trennten wir innerhalb des Reservats noch ein kleines Gehege ab, groß wie ein Fußballfeld, damit Sirga einen Rückzugsort hatte. Darin lagen eine Düne, einige schöne Bäume und Büsche, damit sie sich verstecken oder im Schatten liegen konnte.

Eine Zeit lang saß ich nur im Auto und juckelte hin und her. Entweder arbeitete ich im neuen Camp, kümmerte mich um Sirga und die Gäste in Ghanzi oder war bei Sarah in Maun. In Tsabong hatte ich nicht mal einen richtigen Schlafplatz, also übernachtete ich bei Mark. Mein Camp war eine große Leerstelle in der Landschaft, aber zumindest hatte ich Zäune!

Das neue Camp würde erst mal ein Provisorium sein, doch

wenn wir umziehen wollten, mussten wenigstens die Basics dort stehen: Schlafplätze für Sarah und mich, Zelte für die Gäste, Duschen, Klos, eine Feuerstelle, etwas zum Kochen. Außerdem brauchte ich meinen Bürocontainer, den Werkstattcontainer, damit mein Werkzeug nicht im Sand lag, sowie einen Unterstellplatz für Autos.

Aus Seilen und Pfosten baute ich ein erstes Dach, um wenigstens nach der Arbeit im Schatten sitzen zu können. Ich hob Gräben für die Toiletten aus, baute Holzplattformen für die Duschen. Das Dach hing neun mal neun Meter groß neben einem großen Baum. Die Zelte wollte ich im Halbkreis daneben aufbauen, in der Mitte eine große Feuerstelle.

Nachdem die Toiletten gedanklich platziert waren, hob ich die Sickergruben für die Kloake aus, weil wir natürlich keine Kanalisation hatten. Alle Rohre und Tanks sollten später unterirdisch verlaufen. Duschen und Klos wollte ich für Männer und Frauen getrennt anlegen, und das Einzige, was noch fehlte, war ein Wassertank. Dann sollten die ersten Gäste kommen, gebucht hatten sie schon.

Wir hatten mit den Gästen abgesprochen, dass das Camp nur spartanisch angelegt war; dass jeder, der kam, anpacken musste. Ich dachte, wir fangen einfach an: ein paar Zelte, der Gaskocher. Den Rest würden wir im Laufe der Monate zusammen mit den Gästen fertigstellen. Es wäre einerseits natürlich einfacher gewesen, als das Camp von Profis errichten zu lassen – das hätten wir uns ohnehin nicht leisten können –, andererseits wäre es eine außergewöhnliche Erfahrung.

Die Gäste konnten im Busch wortwörtlich etwas aus dem Boden stampfen und eine Wildnis bewohnbar machen. Ich jedenfalls fand diesen Gedanken spannend und hätte das früher gerne gebucht.

Und wieder bremste mich die Regierung aus. Man wies mich an, alles dichtzumachen, bis mehrere Umweltverträglichkeitsgutachten erstellt wären. Die kosteten einen Haufen Geld. Und die ersten Gäste waren bereits auf dem Weg; wir hatten das Geld schon bekommen. Wenn wir ihnen jetzt absagten, müssten wir alles auf unsere Kosten stornieren, umplanen, zurücküberweisen. Wir wären möglicherweise bankrottgegangen.

Ich setzte mich direkt ins Auto, fuhr zur staatlichen Stelle und erklärte ihnen meine Notlage. Dort schüttelte man nur den Kopf. Sie schlugen den Kompromiss vor, die Gäste auf einer nahe gelegenen Kamelfarm zu empfangen, die sei bereits registriert und abgenommen worden. Es sei eine Alternative, und ich dachte: «Besser als gar nichts.»

Mit den Nerven war ich eh schon zu Fuß. Die Kamelfarm war leider auch so ein Touri-Teil und lag direkt außerhalb des Dorfs, neben der großen Teerstraße. Die Gäste waren enttäuscht, manche auch wütend. Sie hatten viel Geld für eine Wildniserfahrung ausgegeben, und hier donnerte alle halbe Stunde ein Auto vorbei. Die Stimmung war allgemein etwas gereizt.

Ich versuchte wie immer, das Beste daraus zu machen. Mit den Gästen mussten wir viel reden, gerade mit den Neuankömmlingen. «Hey Leute. Sorry, es ist jetzt alles ein bisschen anders.» Ich fühlte mich so dumm dabei, als hätte ich absichtlich falsche Versprechen gemacht.

Die Regierung konnte uns zwar nicht einsperren, aber

sagen, wo wir zu übernachten hatten. Tagsüber durften wir das Gelände verlassen. Das heißt, wir fuhren auf den Markt oder zu Sirgas Gehege, nur dass Sirga eben nicht drin war. Ich erklärte, was hier entstehen würde, und wurde mir zunehmend selbst unsicher, weil ich dachte, dass ein schlechtes Karma über der Sache hing.

Das Gehege für Sirga war bereits fertig, es mussten nur noch ein paar Arbeiten am Elektrozaun erledigt werden. Unterwegs sahen wir Geparden. Es waren solche Momente, wenn ich durch die endlose Weite dieser Wildgebiete fuhr, die mir die Kraft gaben weiterzumachen. Hier leben zu können und mich für den Erhalt dieser, einer der letzten echten Wildnisse der Erde einzusetzen, das war mir so wichtig, dass ich vor nichts haltmachen würde, um es zu erreichen.

Sirga saß derweil weiter in Ghanzi fest und durfte ihr Gehege nicht verlassen. Ich konnte das einfach nicht verstehen, es machte mich regelrecht wahnsinnig.

Ich versuchte, immer alles richtig zu machen. Gerade noch sollte ich in den Knast gehen, und jetzt saß Sirga ein. Und natürlich waren wir auch wirtschaftlich von ihr abhängig; viele Gäste kamen, um sie zu sehen. Würde ich das Camp nie öffnen dürfen, wäre so unendlich viel Geld verbrannt, dass ich nach Deutschland zurückgehen müsste, um zeit meines Lebens einem langweiligen Job nachzugehen, um all die Schulden zu begleichen. Ich war offen gesagt ziemlich am Arsch.

Es hatten auch viele Leute für Sirga gespendet, denen ich jetzt die Lage erklären musste. Manche, die schon im Flugzeug saßen, versuchte ich auf Urlaube und Rundreisen vor Ort über Agenturen umzubuchen, teils auf eigene Kosten.

Kein Platz ist besser, um den Sonnenuntergang über der endlosen Weite der Kalahari zu sehen, als das Cockpit meiner KFA Safari.

Zusammen auf der Pirsch beim Beobachten der Beute.

Die Wüste nach den Feuern. Einige dicke Stämme schmoren noch Wochen nach dem Brand vor sich hin.

Nachdem Sirga mir über den Kopf gekratzt hatte und die Wunde geklammert war, kam der Rest der Haare runter.

Willie (hinter mir) hat mir am Tag des Umzugs Sirga offiziell übergeben.

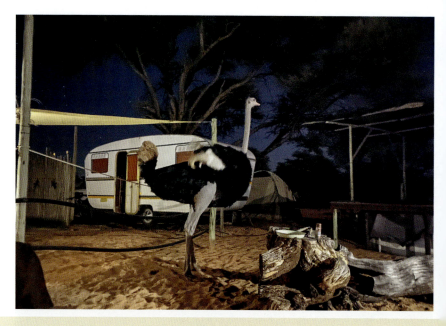

Mars, der Strauß, mit uns am Lagerfeuer, mein Wohnwagen im Hintergrund.

Mit meinen Angestellten, nachdem wir den Zaun um Sirgas 2000 Hektar nach monatelanger Arbeit fertiggestellt haben (von rechts: Phillip, ich, Robert, Thato).

Der Bau des ersten Badezimmers im neuen Gebiet – davor gab es monatelang nur einen Spaten und eine Rolle Klopapier.

Der abgemagerte Elen-Bulle war so durstig, dass er keine Angst mehr vor uns hatte. Elvis, der alte Löwe, war da schon im dunklen Hintergrund und schaute sich das kranke Tier an.

Das Wohnzimmer, ganz rechts unsere Küche, in der Mitte die Strauße, im Hintergrund Zelte für Freunde und Bekannte und ganz links unter dem Schattendach ein kleiner Pool.

Die Regenzeit in der Kalahari kann sogar den Blick auf unsere Werkstatt und Garage atemberaubend machen.

Am nächsten Morgen fanden wir Elvis vollgefressen und glücklich. Dem Leiden des abgemagerten Elenantilopen-Bullen hat er ein Ende bereitet.

Hubert beim Laden der Container. Der schlimmste Teil der Arbeit ist geschafft, es ist aber noch ein weiter Weg, bis der Container drauf ist, wenn man alles von Hand macht.

Wildfangaktion in vollem Gang: Die Giraffe muss, kurz nachdem der Pfeil mit M99 geschossen wurde, gefangen werden, damit sie die Umkehrspritze bekommen kann – das muss laufen wie am Schnürchen.

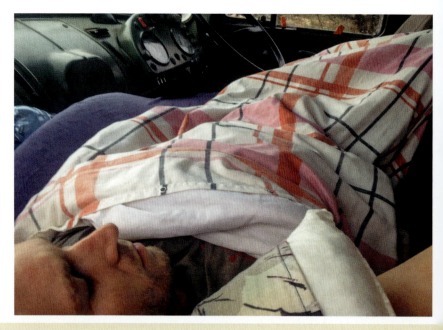

Ein bisschen Schlaf bekommen während einer der 26 Stunden langen LKW-Fahrten mit Hubert ins neue Camp.

Mein erstes eigenes Zuhause in Botswana: das Zelt auf dem großen Holzdeck.

Der erste Kill, als Sirga 16 Monate alt war.

Nachdem Elvis an Altersschwäche gestorben ist, tauchten immer wieder neue Verehrer auf. Dieser hübsche junge Löwe war einer davon.

Sarah und ich während eines kleinen Roadtrips mit Freunden zu einem der temporären Seen, die vom Okavangodelta gespeist werden.

Die Rücklagen schmolzen in Rekordzeit, und ich saß im Kamelcamp und dachte: «Jetzt geht bald gar nichts mehr.»

Sich selbst motivieren, wenn du dauernd Gäste da hast, die auch noch meckern – natürlich völlig zu Recht –, wurde zunehmend unmöglich. Also beschloss ich, einen Cut zu machen.

Als ich die Letzten zum Flughafen brachte, war ich erschöpft und erleichtert. Sechs Jahre hatte ich jeden Tag Gäste gehabt. Ohne Urlaub. Nicht mal für das Surfen, mein Lieblingshobby von früher, hatte ich einen Tag Zeit gehabt. Zum ersten Mal waren alle weg. Ich fühlte mich auf der Rückfahrt vollkommen leer, aber gleichzeitig von einer Last befreit. Ich brauchte Zeit, um mich zu sortieren. Trotz dieser ganzen Scheiße genoss ich den Gedanken: Heute habe ich mal keine Verantwortung am Hals!

Wobei das nicht stimmte: Im alten Camp saß ein Mitarbeiter fest, der eigentlich unser Naturführer war, aber in meiner Abwesenheit Sirga betreute. Er schmiss gelegentlich Futter ein, während er allein in dem halb abgebauten Camp hockte, zwischen Schiffscontainern und der Solaranlage, die nur noch für Sirgas Kühlschrank lief. Irgendwann rief er an und meinte sinngemäß: «Du, Valentin, nimm's mir nicht übel. Aber ich muss jetzt auch mal an mich denken. Ich wollte eigentlich Gäste durch den Busch führen und nicht einen einsamen Löwen füttern.» Ich verstand das total. Dass jetzt alle weg waren, traf mich aber ziemlich hart. Sarah half mir viel in dieser Zeit.

Trotzdem packte ich Zelte, brachte meinen Wohnwagen nach Tsabong. Ich denke, ein wenig machte ich das auch, um mich davon abzulenken, wie schlimm alles war.

Was ich hatte und was transportfähig war, stellte ich bei Mark ab, damit es im neuen Camp nicht verwitterte oder geklaut wurde. Wenn man in so einer Gegend mitten im Nirgendwo ist und anfängt, Sachen abzuladen, die wirklich Geld wert sind, dann bekommen Leute das mit – und das geht nie lange gut.

Mark hatte seine Angestellten, und ich war viel bei ihm. Er konnte alles super nachfühlen und war eine Stütze für mich. Ich dachte, ich kann alles erst mal bei ihm abstellen, dann muss ich mir keinen Kopf machen, das wäre das Wichtigste. Er schien so verlässlich und stabil zu sein. Er redete mir gut zu. Ich wusste damals nicht, wie schlecht es ihm in Wirklichkeit ging.

AUF DEN KNIEN

Mark hatte ein Häuschen auf seiner Farm gleich neben dem Hauptgebäude. Es war aus Blech und mehr so eine Art Gartenhütte. Darin lebte er, und davor hatte er eine Küche und ein Badezimmer in einem ausrangierten Schiffscontainer, so wie ich das auch mag, daneben lagen eine Garage und ein Grillplatz. Die Küche war ordentlich, alles hing an einer kleinen Solaranlage.

Ich hatte immer gedacht Marks Business liefe ausgezeichnet. Er regelte so viel, hatte so viele Leute unter sich und besaß eine Menge Gerätschaften. Aber er schlief weiter in seinem Gartenhäuschen, unser Wohnwagen stand auf ein paar Blöcken davor unter dem Baum, und natürlich fand ich es gut, bescheiden zu wohnen, ich brauchte auch nicht viel. Aber mit der Zeit wuchs der Verdacht, dass bei Mark etwas nicht stimmte. Jeder kümmerte sich um seine eigenen Sachen, aber es wurde immer offensichtlicher, dass es ihm nicht gut ging. Es kriselte in seiner Beziehung, dazu kamen finanzielle Schwierigkeiten. Er erzählte mir davon, während wir in der Küche standen. Privat und beruflich ging es ihm dreckig.

Ich weiß gar nicht mehr genau, wie es letztlich dazu kam. Mark hatte einen Riesenstreit mit seiner Frau, sodass ihr Vater kommen musste, um sie nach Südafrika mitzunehmen.

Mark tigerte umher. Nachmittags setzten wir uns in seine Karre. «Ich brauche jemanden zum Reden», meinte er knapp, und ich sagte nur: «Klar, du kannst mir alles erzählen.»

Wir fuhren herum, und er machte seinem Ärger Luft. Irgendwann meinte er, er müsse jetzt noch mal zu seiner Frau, die ihr Vater inzwischen mit zu einer benachbarten Farm genommen hatte, um von dort aus am nächsten Tag über die Grenze nach Südafrika zu fahren. «In Ordnung», sagte ich, wobei ich das nicht für die beste Idee hielt.

Mark raste die circa vierzig Kilometer zur anderen Farm wie ein Irrer über die Sandstraßen. Dort gab es einige Häuser, und seine Frau hatte sich hier mit ihrem Vater die Nacht über einquartiert. Schon gleich bei der Ankunft ging im Vorgarten das Streiten wieder los. Weil mich das wirklich nichts anging, setzte ich mich zu den Managern dieser Farm auf die Veranda nebenan und wartete. Wir konnten das Geschrei hören, dann wurde es kurz still, seine Frau schrie noch mal auf, und dann knallte ein Schuss.

Ich sprang auf und rannte rüber. Ich sah Mark auf den Knien, dann kippte er um. Er hatte sich mit dem Gewehr in die Brust geschossen.

Marks Nachbar und ich luden ihn ins Auto und rasten los zum Krankenhaus. Während der Fahrt redete ich wie verrückt auf ihn ein. Die Fahrt dauerte eine Stunde, und während der ganzen Zeit hielt ich Mark im Arm. Er war tot, bevor wir ankamen. Es war das erste Mal, dass ich einen toten Menschen gesehen habe.

Später saß ich im Rinnstein vor dem Krankenhaus und rief Sarah an. Sie war bei Mark auf der Farm und hatte zwar den Streit mitbekommen, aber zum Glück nicht den Rest.

Für Sarah war die Nachricht natürlich auch ein Schock. Wir boten Marks Frau an, uns erst einmal um die Farm dort zu kümmern, und saßen dann alleine in der Finsternis. Unser Freund war tot. Sirga war nicht bei mir. Ich hatte einen absoluten Tiefpunkt erreicht.

Daran dachte ich in diesem Moment nicht, aber auch der ganze Umzug stand auf der Kippe, denn ohne Mark und sein Transportunternehmen könnte ich die Kosten gar nicht stemmen.

Mark war nicht nur ein Kumpel gewesen, sondern er war zu meiner Familie geworden. Tausend Dinge schossen mir durch den Kopf. Es war das erste Mal in meinem Leben, dass ich nicht mehr weiterwusste. Und ob ich überhaupt noch weitermachen wollte.

HUBERT

Marks Tod warf mich zu Boden, aber es blieb mir nicht viel Zeit zu trauern, da es so vieles gab, um das ich mich kümmern musste. Meine Existenz hing davon ab, dass ich den Umzug schnell bewerkstelligte. Ich war in Maun, um Sarah zu sehen. Außerdem wollte ich mit den Handwerkern sprechen, die ich beauftragt hatte, einen großen Anhänger zu bauen, um meine Schiffscontainer einzeln die tausend Kilometer runter nach Tsabong zu ziehen.

So richtig wusste ich aber nicht, wie ich das machen sollte, ohne dass es meinen Pick-up zerriss. Er wäre so übertrieben überladen gewesen, dass er nur Schrittgeschwindigkeit geschafft hätte, und über die letzte Offroad-Strecke bis zur Farm wollte ich gar nicht nachdenken. Irgendwie musste ich eine Lösung finden, denn ich hatte den Entschluss gefasst, den Umzug jetzt durchzuziehen, notfalls eben allein.

Da traf ich Hubert. Es war Liebe auf den ersten Blick. Es gibt eine Kreuzung in Maun, wo Leute ihre Autos abstellen, die sie verkaufen wollen. Sie stehen da tagsüber in Reihen, in manchen steckt der Schlüssel, vorne liegen Schilder drin mit «For Sale» und der Handynummer des Besitzers. Da passiert viel auf Vertrauensbasis, und wenn man Interesse hat, ruft man an, macht eine Probefahrt und kann dann den Wagen auch gleich mitnehmen.

Das Auto, das ich später liebevoll Hubert taufte, fiel mir auf, weil es die anderen Fahrzeuge deutlich überragte. Es war ein alter Mercedes-Pritschenlastwagen mit Kurzhaube. Offensichtlich war er beim Militär eingesetzt worden; Militärfahrzeuge werden in Botswana auf Auktionen verkauft, und der Vorteil seiner Armeezugehörigkeit war, dass er über die Jahre sicher exzellent gepflegt worden war. Ich hätte bei einer Auktion sowieso nicht mitbieten können, das dürfen nur Staatsbürger.

Vermutlich hatte ihn jemand ersteigert und die Militärfarbe runtergekratzt. Ich kletterte auf den Fahrersitz und tastete nach dem Schlüssel. Fehlanzeige. Dafür fehlte die Verschalung unterhalb des Lenkrads, wie man es aus Deutschland von alten Treckern oder Unimogs kennt. Dort saß ein dicker Draht, und wenn man ihn tief genug reinsteckte, zündete der Motor. Drehte man ihn noch ein Stückchen, gingen die Lichter an. Ich fummelte ein bisschen herum, bis der Motor erwachte – widerwillig, aber kraftvoll.

Ich liebe alte Autos. Wir hatten damals einen uralten Trecker, auf dem ich schon als Kind mitgefahren bin. Diese Rundungen der uralten Mercedes-Trucks, all die Instrumentenanzeigen wie Temperatur und Öldruck… Es schien alles in Ordnung zu sein – und neunzigtausend Kilometer waren für Afrika nichts. Ich wunderte mich, weil diese Dinger oft locker eine halbe Million Kilometer runterhatten.

Der Dieselmotor lief wie am Schnürchen. Und wenn der einmal tuckert, läuft er bis in alle Ewigkeit. Ich saß ziemlich erhöht und schaute durch die staubigen Fenster nach draußen. Da kam mir die Idee.

Die Schiffscontainer bekam ich sicher hintendrauf. Ich hatte kein Maßband dabei oder so, aber ich stieg aus, sprang auf die Ladefläche und schritt sie ab. Viereinhalb bis fünf Meter. Die Container waren sechs Meter lang. Notfalls konnten die hinten etwas überstehen. Von der Breite passte es sowieso. Schwierig würde es werden, die Container überhaupt auf die Ladefläche zu bugsieren. Ich stand neben dem laufenden Lastwagen und überlegte.

Mit dem Ding wollte ich nicht einfach durch die Stadt fahren. Also bat ich einen Freund, der sich auskennt, mitzukommen. Wir verabredeten uns mit dem Verkäufer. Ich wollte wissen, wie Hubert durch den Sand kam und ob der Allradantrieb funktionierte, und dazu brauchte ich unbefestigte Straßen, die wir hinter dem Flughafen fanden.

Nach der Probefahrt meinte mein Kumpel: «Läuft astrein, Valentin, kannst du machen!» Also kaufte ich das Schmuckstück und nahm es gleich mit zur Werkstatt meines Freundes. Er half mir, alles auf Vordermann zu bringen. Bis dato war ich nie Lkw gefahren, aber das würde sich jetzt ändern.

Wenn ich es erst mal geschafft hatte, die Container aufzuladen, würde ich Hubert schon durch die Wüste schaukeln.

DER LÖWE AN DER TANKSTELLE

Nach langer Wartezeit, vielen Telefonaten und einer Menge Meetings hatte ich endlich die Genehmigung, um Sirga ins neue Camp zu bringen. Nach all den Strapazen fand ich meine Motivation und Kraft wieder, um weiterzumachen. Und so kam es, dass ich mit Sarah eine ausgewachsene Löwin hinten auf dem Pick-up durch die Wüste chauffierte.

Die Männer an der Tankstelle verstanden die Welt nicht mehr, als wir einen Zwischenstopp machten: Da fuhr eine Auto-Kolonne von Tierarzt, Filmteam, Back-up-Wagen und Pick-up mit Löwe durch die Kalahari. Und das alles für ein Tier, vor dem die meisten hier Angst haben. Es war sehr amüsant zu sehen, wie unwohl der Tankwart sich dabei fühlte, die Tanks neben Sirgas Transportbox zu befüllen.

Wir mussten Sirga in ihr neues Zuhaue bringen, bevor der nächste brutal heiße Tag anbrach. Unter Stress und Anspannung vom Transport hätte die Hitze für sie sonst lebensgefährlich sein können. Wir fuhren durch die Nacht, standen über Funk in Kontakt zu den anderen Fahrzeugen, und es ging echt gut. Sirga lag ruhig da und sah ziemlich entspannt aus. Trotzdem drehte ich mich jede Minute zu ihr um. Wir waren jetzt schon weit gekommen und kurz davor, die befestigte Straße zu verlassen und die letzten siebzig Kilometer über die sandigen Wege zwischen den Dünen zu Sirgas neuem Revier zu fahren.

Als die Sonne langsam über den Horizont stieg, erwachte Sirgas Neugier. Sie saß jetzt aufrecht und betrachtete mit großem Interesse die Esel, Ziegen, Kühe und Schafe, die überall am Straßenrand standen. Wir bogen auf die Sandpiste ab und kamen bald am Haus von Marks Nachbarn vorbei, wo wir eine Pause machten. Sie waren sehr trüb gestimmt, denn ihr treuer, altersschwacher Hund lag im Sterben. Es ging dem Tier sehr schlecht. Wir entschieden, unseren Tierarzt dort zu lassen, damit er den Hund von seinen Qualen erlöste. Er würde später nachkommen. Wir brachen bald wieder auf, um nicht in die Tageshitze zu kommen. Wir waren jetzt schon auf unserem Gebiet und hatten nur noch knapp sieben Kilometer vor uns bis zu Sirgas neuem Zuhause. Die Strecke war extrem holprig, und dementsprechend langsam ging es voran.

Ich sah mich erneut nach Sirga um und erschrak. Sie lag wieder flach auf der Gummimatte, und es war offensichtlich, dass es ihr nicht gut ging. Sie war kurz davor, in Ohnmacht zu fallen. Ich konnte es nicht fassen, so kurz vor dem Ende, und ausgerechnet jetzt war der Tierarzt nicht da. Wir hielten unter einem Baum im Schatten. Ich hatte einen Kanister Wasser dabei und rieb es ihr ins Fell, während ich ruhig auf sie einredete. Zum Glück half die Abkühlung, und Sirga war wieder voll da.

Als wir endlich ankamen, atmeten wir erleichtert auf. Und als der Tierarzt nachgekommen war, konnten wir Sirga endlich in ihr neues Gehege lassen. Wir befestigten die Transportbox direkt vor der Tür zum Gehege, dann öffnete ich die Schiebetür. Nach kurzem Zögern lief Sirga ins neue Gehege und suchte sich ein schattiges Plätzchen, um erst mal auszuruhen. Der Tierarzt riet mir, vorerst keinen direkten Kontakt zu ihr zu haben, da sie noch sehr gestresst sei und ihre Medikamente ihr Verhalten unberechenbar machen könnten. Nach ein paar Stunden sollte aber alles wieder normal sein.

Als ich später zu Sirga reinging, war sie erschöpft, aber ansonsten völlig in Ordnung. Während die Sonne unterging, gönnte ich mir erst mal einen Whisky. Wir saßen vor dem Zelt der Filmemacher, die noch eine Nacht bei uns verbringen wollten, grillten und leerten die Whiskyflasche. An diesem Tag fiel mir eine Riesenlast vom Herzen.

Als wir am nächsten Morgen aufstanden, entdeckten wir überall fremde Löwenspuren. Wie wir bald herausfanden, handelte es sich um ein männliches Exemplar. Offensichtlich war er mit den Zäunen des Geheges schon bekannt, denn die hatte er nicht berührt. Wenn er in der Folgezeit auftauchte, versteckte sich Sirga, die nie Kontakt mit anderen Löwen gehabt hatte, immer in der Mitte ihres Geheges in einem Busch. Wir tauften den alten Löwen wegen seiner schönen Mähne Elvis.

Trotz eines ordentlichen Katers musste ich mich sofort daranmachen, die Solaranlage wieder aufzubauen, damit Kühl- und Gefrierschrank liefen, ich für Sirga jagen gehen und das Fleisch lagern konnte. Sarah half noch mit, fuhr dann aber mit den Filmemachern wieder die lange Strecke zurück nach Maun, denn sie musste wieder zu ihrer Arbeit. Ich war jetzt fast alleine im neuen Zuhause, mit Sirga, meinem Wohnwagen, einer halb fertigen Solaranlage und Elvis, der jeden Abend vorbeikam, um nach uns zu schauen.

Mit Robert hatte ich einen neuen Angestellten. Ich lernte ihn ein paar Tage an, damit er Sirga füttern konnte, während ich den restlichen Umzug organisierte, denn das meiste stand noch in Ghanzi. Robert war ziemlich mulmig zumute beim Gedanken, hier im Zelt zu schlafen, neben Sirgas Gehege und mit Elvis, der nachts herumspazierte. Aber ich war mir sicher, er schafft das.

DER UMZUG

Ich war ein bisschen stolz auf mich, denn ich hatte eine Lösung gefunden, um die Schiffscontainer auf den Lastwagen zu bekommen. Alles war vorbereitet. Die Container standen aufgereiht neben einem riesigen Loch, das ich eigenhändig gegraben hatte. Es hatte exakt die Maße von Hubert. Der Truck sollte rückwärts über eine Rampe in das Loch fahren, das so tief war, dass die Ladefläche idealerweise genau mit dem Rand der Grube abschloss. So konnte ich die Container ebenerdig auf die Ladefläche ziehen. Anderthalb Meter tief, drei Meter breit, sechs Meter lang. Ich hatte einen Tag lang gegraben, und damit meine ich wirklich einen ganzen.

Ich nahm dicke Gummibänder, die man sonst in Minen benutzt – zwei, drei Meter breit –, schnitt sie in Streifen und befestigte sie auf der Ladefläche, damit die Container auf dem glatten Stahl nicht verrutschten. Dann bockte ich den ersten Container mit einem Wagenheber am Rand der Grube auf.

Jetzt kam der kniffligste Teil. Ich hatte mir eine Art Flaschenzug besorgt, der über zwei Ketten lief und problemlos vier Tonnen heben konnte. Also fast problemlos, weil ich mit der Hand kurbeln musste. Der Flaschenzug war vorne am Lkw befestigt, und damit zog ich den Container auf die Ladefläche. Es dauert also sehr lange, ich kurbelte viel, und es bewegte sich wenig. Sechs Stunden stand ich auf dem Truck. Zog, kurbelte, fluchte, stieg wieder ab, fettete alles mit altem Motoröl, kurbelte weiter.

Normalerweise hat man für so etwas einen Kran. Es war eine Scheißarbeit, aber am Ende saß der Container fest, und ich hatte es komplett allein geschafft. Was auch hieß: Man konnte alles alleine schaffen, selbst Tonnen heben, wenn man einen Plan hatte. Und bereit war, abartig viel Zeit zu investieren. Schweißnass stand ich neben der Grube.

Doch den letzten Meter konnte ich den Container nicht mehr heranziehen, weil der Flaschenzug mit seinem Haken zwischen der Wand des Lkws und der Wand des Containers saß, also stand die Ladung hinten weit über. Ich dachte, das klappt schon irgendwie. Ich fuhr dann noch mal rückwärts gegen einen Baum, und das Ding saß einigermaßen drauf. Mein alter Freund Mark, der organisieren konnte wie kein Zweiter, wäre stolz auf mich gewesen.

Weil ich so im Flow war, fuhr ich dann auch gleich los. Das Gewicht drückte auf die Reifen, der Lastwagen brüllte durch den Sand. Ich wollte über Nacht fahren, weil ich sonst nicht über die heißen Straßen kam, ohne dass die Reifen platzten. Was dann schließlich trotzdem passierte, einfach wegen der Überladung.

Also stellte ich den Lastwagen am Straßenrand ab, in der Dunkelheit, mitten in der Wüste, und suchte nach dem Wagenheber – was wieder eine Heidenarbeit war, denn ein Reifen wiegt hundertfünfzig Kilo. Abmachen, wegrollen, herrollen, dranmachen. Vor Anstrengung und Müdigkeit war mir schon ganz übel. Wann hatte ich das letzte Mal etwas gegessen? Als ich fertig war, fiel mir auf, dass der alte Reifen auch irgendwohin müsste. Und zwar in den Container, oben rein, weil das der einzige Platz auf dem Truck war, wo man ihn unterbringen konnte.

Dazu musste ich ihn noch etwa dreieinhalb Meter in die Höhe hieven, wofür ich den Flaschenzug wieder aufbauen musste. Zu allem Überfluss sah ich, dass ich eine Nachricht auf der Mailbox hatte – von einem guten Freund und Geschäftspartner, von dem ich viel über Administration und Finanzen gelernt und der mir anfangs beim Umzug zur Seite gestanden hatte. Leider entschied er sich nun, aufgrund der ungewissen Geschäftslage auszusteigen. Natürlich war seine Entscheidung nachvollziehbar, trotzdem schade. Aber erst einmal gab es zu viel zu tun, um mir deswegen Sorgen zu machen. Ich steckte das Handy ein und atmete tief durch.

Dann rauschte ich mit dem Lastwagen mit sechzig Kilometern pro Stunde durch die Nacht.

Die Fahrt von Camp zu Camp dauerte sechsundzwanzig Stunden. Ich fuhr zehn Stunden, und wenn ich müde wurde, legte ich mich mit einer Decke auf die Rückbank. Nach einer Stunde Schlaf konnte ich wieder fünf, sechs Stunden fahren. Als ich im neuen Camp ankam, musste ich natürlich alles abladen, was bedeutete: Ich grub wieder ein Loch. Schleppte wieder den Flaschenzug. Ölte den Container. Stand allein in der Pampa und fluchte. Robert war zum Glück immer beim Abladen dabei. Er freute sich jedes Mal über die Gesellschaft, und während wir arbeiteten, erzählte er mir von seinen abenteuerlichen Nächten, alleine im Zelt, mit Elvis, der neben ihm brüllte.

Insgesamt machte ich rund zwanzig Fahrten, zehnmal hin und zehnmal zurück, bis ich mein gesamtes Camp verladen hatte. Nachdem die Container alle drüben waren und ich nicht mehr buddeln musste, wurde es leichter. Ich wurde gelassener.

Es war Regenzeit, das hatte den Vorteil, dass ich manchmal auch tagsüber fahren konnte, weil es ab und zu bewölkt war. Ich fuhr immer, wenn es ging. Manchmal tobte draußen der Regen, die Scheibenwischer hetzten von rechts nach links, Blitze erleuchteten den Horizont, und ich saß bei Notbeleuchtung im Lastwagen und konnte kaum die Straße sehen. Als ich mit dem Umzug fertig war, hatte ich zehn Kilo abgenommen.

Nur wenn man durch die Dörfer kommt, hat man Handy-Empfang. Wenn ich mit Hubert ein Dorf passierte, checkte ich sofort meine Nachrichten und gab ein Zeichen, wo ich war. Außerhalb der Ortschaften war ich dann wieder für Stunden auf mich allein gestellt.

Wer mich kennt, weiß, dass ich, wenn ich sechs Stunden nicht schreibe, irgendwo festhänge. Das sind die Intervalle der Bebauung. Und wenn man sich wesentlich länger nicht meldet und nirgends aufkreuzt, wissen alle, dass man mich suchen muss.

In Ghanzi platzte mir zum Beispiel mal ein Reifen, direkt vor einer Tankstelle. Ich dachte, was hast du für ein Glück – aber was ich nicht bedachte: Es war Samstagabend! Und ja, auch hier haben die Leute so etwas wie Wochenende. Jedenfalls war alles zu. Ich meine: alles. Im trüben Neonlicht der Tankstelle erklärte ich dem Besitzer, dass ich einen Ersatzreifen bräuchte. Er hörte sich meine Geschichte geduldig an und meinte dann: «Ja, das ist blöd. Die Reifengröße habe ich nicht da, ist schwer zu bekommen.»

Er telefonierte dann herum, bis er wirklich jemanden fand, der meinte, klar, habe er da – aber wie kämen die Reifen nach Ghanzi, an einem Samstagabend?

Als ich dem Mann meine Lage erklärte, dass ich mit einem Lastwagen festsaß und dringend weitermüsse, sagte er: «Komm, schick mir das Geld für die Reifen per Handy, ich überleg mir was.»

Wir reden hier von dreihundert Kilometern durch die Wüste.

Aber er schickte tatsächlich einen Wagen, und ein paar Stunden später waren die Reifen bei mir. Seitdem bin ich natürlich ein treuer Kunde auf Lebenszeit, aber so ist das hier. Da geht keiner einfach weiter und sagt: «Ist doch nicht mein Problem!»

Ich finde es auch heute noch irre, wie die Menschen hier sich helfen. Die wissen natürlich, wie tief man in der Patsche steckt und dass man Zeug auf dem Laster hat und nicht weiterkommt. Es gibt eben keinen ADAC – das heißt, man ist sehr aufeinander angewiesen.

Ich finde es schön, in einer solchen Gesellschaft zu leben. Am Ende hatte ich für den gesamten Transport statt fünfzigtausend nur zehntausend Euro bezahlt. Finanziell hatte sich das also sehr rentiert. Außerdem wurde mir in den ersten Nächten im neuen Camp vor dem alten Wohnwagen klar, dass ich es so mehr wertschätzen konnte: weil ich es selbst gemacht hatte.

Es war von Anfang an großartig in der neuen Heimat. Nachts hörte ich Elvis brüllen, und Leoparden schlichen ums Camp. Einmal saß ich mit Sarah abends am Feuer, und plötzlich kam von hinten ein riesiger Elenantilopen-Bulle und trank das ganze Geschirrspülwasser aus dem Eimer. Die Tiere können bis zu einer Tonne wiegen, aber dieses Exemplar war sehr abgemagert. Ich stellte ihm dann noch einige Eimer Wasser hin. Sobald er Energie hatte, wollte er mich dafür gleich boxen.

Vielleicht war es das erste Tier, zu dem ich hier Vertrauen aufbaute. Es waren fünf Eimer an diesem Abend, und ich dachte: «Trink, so viel du kannst!»

Am nächsten Morgen nach dem Aufstehen sah ich die Geier am Himmel kreisen. Ich streckte mich und beschloss, suchen zu gehen, weil das hieß, dass es irgendwo Fleisch gab. Ich setzte mich ins Auto und fuhr los. Zunächst sah ich nur Gestrüpp und Büsche am Fenster vorbeiflitzen, dann gab die Vegetation Elvis frei, den alten Löwen, der über der Antilope hing und sich ihre Eingeweide genehmigte, die, wie ich wusste, eine Menge Wasser gespeichert hatten. In der Natur hängt alles mit allem zusammen. Und jede Handlung hat einen Effekt.

Sarah und ich legten uns eine Matratze hinten auf den Pick-up und brachen auf, um die Nacht draußen zu verbringen und Fotos von braunen Hyänen und Schakalen und allem, was die Nacht freigab, zu machen. Es war wunderschön, die Tiere waren neugierig, schnüffelten am Pick-up und zeigten keine Angst. Es war unglaublich, und ich sagte zu Sarah, dass dies exakt das sei, was ich mir immer gewünscht hätte.

Als der letzte Container auf der Ladefläche stand, verabschiedeten wir uns von Willie. Ich würde nicht allzu schnell zurückkommen nach Maun und Ghanzi, wenn es nicht unbedingt nötig wäre. Hier hielt mich nichts mehr. Ich hatte jetzt ein Zuhause.

«Viel Glück, Valentin», sagte Willie und schüttelte mir die Hand.

«Für dich auch», erwiderte ich, und mein Hals war wie zugeschnürt.

Willie deutete auf zwei seiner Pferde, die auf der Koppel standen. «Die sind für euch», sagte er. «Ich möchte, dass ihr sie mitnehmt und dass sie euch begleiten. Sie heißen Strawberry und Little Luck, eins für Sarah, eins für dich. Und wenn wir uns das nächste Mal sehen, erzähle ich dir auch, warum sie so heißen.»

Wir umarmten uns, dann stieg ich ins Auto und sah im Rückspiegel, wie Willie dastand und immer kleiner wurde.

Jetzt, wo ich dies aufschreibe, fällt mir auf, dass er mir bis heute nicht erzählt hat, warum die Pferde so heißen.

DIE KEHRSEITE

Das Leben in der Natur, umgeben von wilden Tieren, ist zwar unglaublich schön, romantisch und einzigartig, aber gerade wenn einem die Wildnis so am Herzen liegt, ist es auch eine große Belastung. Ich denke, den meisten Menschen ist bewusst, dass die natürlichen Lebensräume unserer Erde rapide schwinden. Der steigende Bedarf an Energie und anderen Ressourcen lässt den Menschen auch in die letzten abgelegenen Ecken des Planeten vordringen, um sie für seine Zwecke auszubeuten. Vielleicht gelingt es uns irgendwann, wirtschaftliche Interessen und Erhaltung der Natur in Einklang zu bringen, aber ob bis dahin noch etwas von der Tierwelt übrig ist, erscheint mir fraglich.

Schon heute wird in der Kalahari von großen internationalen Firmen nach diversen Rohstoffen gesucht, und große Teile der Naturschutzgebiete sind für diese Erkundungen freigegeben worden. Auch wenn es in der Nähe unseres Camps noch keine aktiven Minen gibt, erhöht sich die menschliche Präsenz. Schweres Equipment wird für Testbohrungen herangeschafft, wofür neue Straßen angelegt werden müssen. So wird eine zuvor nur sehr schwer zugängliche Region plötzlich leicht erreichbar, sogar im kleinen Stadtfahrzeug. Infolgedessen siedeln sich immer mehr Menschen mit ihren Nutztieren an. Die Gegenden um die bereits existierenden Dörfer sind in der Regel so abgeweidet, dass ihre Tiere nichts mehr zu fressen finden. Da kann man es den Leuten nicht übelnehmen, wenn sie woandershin wollen.

Doch nicht allein die Erschließung von Ressourcen bringt immer mehr Menschen in die Region, sondern natürlich auch der Tourismus und die Forschung. So können selbst gut gemeinte Vorhaben einen sehr negativen Effekt auf Flora und Fauna haben. Da ich hier genau auf der Grenze zu einer der größten Wildnisse der Erde wohne, aber auch in mittelbarer Nachbarschaft zu menschlichen Siedlungen – die nächsten Dörfer sind etwa siebzig Kilometer entfernt –, bekomme ich den Konflikt zwischen Mensch und Tier hautnah mit. Bei einer Kontrollfahrt mussten wir einmal zum Beispiel feststellen, dass jemand unseren Wildzaun durchgeschnitten und offensichtlich mit einem Auto das Gelände befahren hatte. Wir hatten damals regelmäßig wilde Geparden gesehen, und meine zwei Angestellten meinten gleich: «Die waren bestimmt hinter den Geparden her.» Wir sind nah an der Grenze zu Südafrika, und anders als in Botswana sind dort die Zucht, der Handel und auch der Abschuss im Rahmen der Trophäenjagd legal. Die wilden und gesunden Geparden-Gene aus der Kalahari sind dort anscheinend sehr gefragt.

Geparden sehen beeindruckend aus und sind gebaut für Tempo. Die Krallen sind immer ausgefahren, und die Tatzen sehen mehr aus wie die eines Hundes als die einer Katze. Die leicht gebauten Raubtiere mit ihren langen Beinen und einem enormen Schwanz, der beim Balancehalten bei Tempo einhundert hilft, sind sehr erfolgreiche Jäger. Allerdings sind sie auch nach kurzem Kraftaufwand sehr erschöpft und liegen dann unter einem Busch im Schatten. Wenn sie also von Menschen für ein paar Minuten mit dem Auto oder vom

Pferd aus gescheucht werden, können sie dann sehr einfach von Hand lebendig gefangen werden. Ausgewachsene Löwen und Leoparden hingegen sind für Menschen lebensgefährlich, und dementsprechend werden nur Jungtiere lebendig gefangen. Die ausgewachsenen Exemplare sind aber leider auch tot immer noch von Wert – wegen ihres Fells, der Knochen, Krallen und Zähne – und werden in Teilen über die Grenze geschmuggelt.

Nachdem wir den zerschnittenen Zaun den Behörden gemeldet hatten, wurden diese auch direkt aktiv. Wenige Wochen später ertappten sie die Wilderer auf frischer Tat, weil sie einen Tipp bekommen hatten. Offenbar waren die Übeltäter mit ihrem Auto im Busch liegen geblieben, nicht weit entfernt von unserem Camp. Die hatten zwei lebendige Geparden dabei, sie lagen mit gefesselten Beinen hinten auf dem Pick-up. Diese Tiere konnten gerettet werden und die Kerle verhaftet, aber oft sind Wilderer, wenn überhaupt, nicht lange im Knast. Seitdem haben wir unsere Kontrollfahrten am Zaun verstärkt, und ich habe begonnen, viel aus der Luft zu patrouillieren, zu Anfang mit einem motorisierten Gleitschirm und inzwischen mit einem richtigen Flugzeug, was genau für solche Zwecke gedacht ist. Wie viel das hilft, lässt sich schwer abschätzen, denn schon zweimal sind wilde Löwen, die sich hier angesiedelt hatten, auf mysteriöse Weise verschwunden. Nach Elvis, der leider irgendwann an Altersschwäche gestorben ist, waren zwei jüngere Löwenmännchen geblieben. Sirga hatte wieder etwas Zeit gebraucht, um sich an die beiden zu gewöhnen, und taute auch nur mit einem von ihnen etwas auf, aber eines Tages waren die zwei Männchen wieder fort.

Man muss dazu sagen, dass ich ein gutes Verhältnis zu vielen der umliegenden Gemeinden habe und auch zu der lokalen Naturschutzbehörde. Es kommt durchaus vor, dass Raubtiere geschossen oder lebendig gefangen und umgesiedelt werden, weil sie Schafe, Ziegen und Kühe reißen. Diese Fälle sind jedoch bekannt und werden festgehalten. Anders bei diesen beiden Löwen. Einige Wochen nachdem sie verschwunden waren, wurde ein Mann aus Botswana auf der anderen Seite der Grenze in Südafrika verhaftet, weil er in seinem Wagen einige Löwenfelle und angeblich auch einen lebendigen Geparden geschmuggelt hatte.

Ich unterhalte mich viel mit den Menschen hier. Häufig laden wir die Leute ein, uns zu besuchen und Sirga zu sehen. Es steckt oft nicht Bösartigkeit hinter der Wilderei, sondern Unwissenheit. Wilde Tiere werden als wert- und nutzlos angesehen und richten erheblichen Schaden an, wenn sie sich an den Nutztierherden vergehen. Oft sind diese paar Dutzend Tiere die Lebensgrundlage für eine ganze Familie, und ein Rudel Löwen kann sie von einem Tag auf den anderen vernichten.

Dazu kommt natürlich, dass die Menschen sich um ihre Sicherheit und die ihrer Kinder sorgen, die spielend durch die Gegend rennen. Es sind ja nicht nur die Löwen, Leoparden, Hyänen und Schakale, die den Menschen hier das Leben schwer machen, sondern auch Schlangen wie Schwarze Mambas, Puffottern oder Kapkobras. Man kann es den Menschen nicht übelnehmen. Ob die Natur erhalten werden kann, hängt also viel von ihrer Einstellung ab und davon, ob sie von dem Erhalt der Tierwelt profitieren.

Es gibt noch viel Arbeit zu tun, und ich denke, dass die

meisten Menschen hier sehr lernwillig und durchaus in der Lage sind, ihre Einstellung gegenüber der Natur zu ändern. Dafür müssen sich ihre Lebensumstände aber verbessern. So weit die Logik, doch emotional ist es für mich unfassbar hart, dabei zuzusehen, wie diese Tiere, die ich so liebe, nach und nach verschwinden. Ob sich wirklich im Großen und Ganzen etwas ändern wird, ist fraglich. Doch zumindest im kleinen Rahmen, hier auf unseren eigenen siebzig Quadratkilometern, können wir den Tieren ein sicheres Leben bieten. Das gibt mir Hoffnung!

ALTE HEIMAT

In acht Jahren Botswana war es erst das zweite Mal, dass ich nach Deutschland flog. Als ich ankam, war es am Flughafen laut, hektisch und voller Menschen. Instinktiv versuchte ich, allen in die Augen zu sehen, wie ich es mittlerweile gewohnt war, aber es waren zu viele.

Meine Schwester Lisa hatte mich vor die Wahl gestellt, ob ich zu ihrer Hochzeit kommen wollte oder nicht. Sie meinte, sie wisse, dass ich viel zu tun habe. Wenn ich ehrlich war, wollte ich wirklich lieber in Afrika bleiben, aber man heiratet in der Regel ja nur einmal. Außerdem überlegte ich, ob ich die Reise mit etwas verbinden könnte, was auch gut fürs Camp war. *Stern TV* hatte mich mehrmals kontaktiert, und nun meldete ich mich zurück und bot mich für ein Interview an.

Mein erster Gedanke nach meiner Ankunft: Wie kann man sich so ignorieren, obwohl alles voller Menschen ist? Es gibt so viele Menschen in Europa, und alle leben komplett aneinander vorbei, als gäbe es die anderen nicht. Ich hatte mich fast zehn Jahre an die Einsamkeit gewöhnt, und hier war alles voller Autos, Durchsagen, Straßenlärm. Überall Leute, die auf ihre Handys starrten, die es eilig hatten und einen anrempelten, ohne aufzusehen. Und mittendrin stand ich mit meinem abgewetzten Rucksack.

Lisa wohnte ganz im Süden, an der Grenze zwischen Bayern und Baden-Württemberg. Mein Vater fuhr mich. Es war eine wirklich schöne Ecke, aus dem Fenster sah ich die Berghänge, die Kühe, wir fuhren durch düstere Wälder und blühende Wiesen. Lisa begrüßte uns vor dem Bauernhof, auf dem ihr Mann arbeitete. Mich erinnerte es beim Aussteigen schon an Bullerbü. Alles roch herrlich nach Mist, die Luft war kühl und klar. Sie sah glücklich aus.

Am nächsten Abend fand die Hochzeitsfeier statt. Lisa und ihr Mann hatten im Winter geheiratet, alleine und in Ruhe, und jetzt wollten sie mit der Familie nachfeiern. Im Gasthof stand schon alles aufgebaut: Essen, Getränke und Blumen. Ich warf meine Sachen im Zimmer ab und war froh, keinen Anzug und keine engen Schuhe tragen zu müssen. In Botswana bin ich die meiste Zeit barfuß unterwegs, und Lisa hatte gemeint, die Frauen trügen sicher Kleider, ihr Mann kam sogar in Tracht. Es wurde eine echt schöne Feier.

Am nächsten Morgen stand ich früh auf und reiste mit meiner Mutter ab. Sie meinte, wir müssten unbedingt noch mal zu ihr, wenn ich schon da war, und dem Bodensee wollte ich auch einen Besuch abstatten. Witzigerweise traf ich genau dort einen Freund aus Botswana, der ebenfalls gerade das erste Mal wieder in Deutschland war. Er und seine Freundin hatten sich in meinem alten Camp kennengelernt – ein Mädchen, mit dem ich wiederum früher zur Schule gegangen bin.

Ansonsten hatte ich keinem meiner alten Kumpels erzählt, dass ich zurück war, weil ich nur eine Woche da war und viel auf dem Zettel hatte. Wenn man sich so viele Jahre nicht gesehen hat, brauchte alles mehr Zeit, und man trank nicht einfach ein Bier zusammen. Mit dem Freund aus Botswana gab es diese Anlaufschwierigkeiten nicht. Abends liefen wir am Seeufer entlang, und es schien mir der einzige private Moment zu sein, den ich hatte.

Am nächsten Tag fuhr ich nach Bremen, um meine Oma zu besuchen. Tags darauf ging es weiter nach Köln zum Interview mit dem *Stern*. Viel zu schnell saß ich nach einer Woche wieder im Flieger nach Johannesburg, und während ich den Servicefahrzeugen zusah, die vor dem Start über den Asphalt wuselten, dachte ich, dass die Woche vorübergeflogen war wie ein einziger Tag. Meine Familie kam wenigstens regelmäßig zu Besuch; Lisa war auch schon zweimal bei mir gewesen. Ich schloss die Augen und lehnte mich in meinem Sitz zurück.

Als mich in Maun die trubeligen Straßen empfingen, die Streetfood-Cafés, grüßten überall Leute. Ich hielt hier und dort ein Schwätzchen. Menschen fragten mich, wo ich gewesen sei, ich erzählte von zu Hause. Später saß ich im Bus, die Landschaft zog vorbei, und ich sah für Stunden niemanden, während es draußen dämmerte. Manchmal, dachte ich, konnte ich gar nicht mehr genau sagen, wie es in Deutschland war.

In Botswana hingegen hatte ich ein Camp, nie Urlaub, immer Gäste, Angestellte, Hubert, Sirga. Ich hatte eine Liebe getroffen, einen Freund verloren und musste Steuern zahlen, während ich mich um eine Löwin kümmerte.

Botswana war mein *Zuhause* geworden.

Ich ging wieder meiner Arbeit nach. Einige Zeit später kündigte sich mein Vater an und fragte, ob er eine Weile bleiben könne. Die Frau, die er nach meiner Mutter geheiratet hatte, war gerade an Krebs gestorben. Er wolle sich eine Auszeit nehmen und müsse mal raus, und weil er sich so lange um seine kranke Frau gekümmert hatte, war das sein erster Besuch in Afrika.

«Klar», sagte ich und holte ihn wenig später am Flughafen ab.

Es war schön, ihn in Botswana zu haben, ihm alles zeigen zu können. Ich führte ihn stolz herum, weil ich zwischenzeitlich doch einiges erreicht hatte. Wir hatten endlich Zeit, uns zu unterhalten; er verbrachte viel Zeit in der Natur und fotografierte.

Eines Abends am Feuer erzählte ich meinem Vater von Mark und von der Idee, einen Pilotenschein zu machen. Er meinte: «Das ist doch eine tolle Idee, und jetzt hast du die Zeit. Wenn das Camp erst mal fertig ist, Valentin, und voller Gäste – wie willst du es dann noch machen?»

Ein kleines Flugzeug war viel billiger als ein Helikopter. Ich hatte mich schon erkundigt. Gleich am nächsten Tag machte ich mich dran, einen Kurs zu finden. Mein Vater meinte, er würde mir das Geld geben, weil das ein bisschen auch immer sein Traum gewesen sei. Als er fort war, fing ich direkt an.

Das Camp musste ich vorübergehend meinen Angestellten überlassen, weil die Flugschule drüben in Südafrika war. Obwohl man mir gesagt hatte, dass der Kurs etwa ein Jahr brauchen würde, war ich gewillt, ihn in zwei Monaten durchzuziehen. Dazwischen pendelte ich ins Camp, Erfahrung damit hatte ich ja bereits.

Insgesamt war es wohl die längste Zeit, die ich Sirga alleine lassen musste. Per WhatsApp hielt ich jeden Tag Kontakt zu meinen Leuten. Außerdem war ich nicht aus der

Welt, sondern nur hinter der Grenze. Wäre etwas schiefgegangen, wäre ich sofort rübergekommen.

Das Lernen war schlimmer als damals im Abi, doch ich zog die Theorie eisern durch und schrieb zwei Tests die Woche. Wenn ich nicht Flugstunden nahm oder lernen musste, schlief ich. Es war anstrengend, aber ich wollte so schnell wie möglich fertig sein. Nach acht Wochen hatte ich den Schein in der Tasche und kehrte zurück.

Jetzt, dachte ich, würde es mit dem Camp so richtig losgehen. Aber ich hatte die Rechnung ohne das Virus gemacht.

RETTERIN IN DER NOT

Die Regierung hatte mein Areal mittlerweile abgenommen: zwanzig Quadratkilometer, knapp achtzehn Kilometer Zaun. Mir wurde schriftlich bestätigt, dass alles den Vorschriften entsprach. Das bedeutete, Sirga durfte endlich raus. Ich hatte mich so sehr auf diesen Tag gefreut, und überglücklich öffnete ich die Tür ihres Geheges.

Für diesen großen Tag hatte ich extra die Nachbarn eingeladen, weil auch sie sehen wollten, wie Sirga ihre neue Freiheit genoss. Ich wollte die Gegend mit Sirga zu Fuß erkunden, Sarah saß im Auto und drehte ein Video für unsere Kanäle. Nur Sirga kam nicht. Normalerweise sprang sie mich immer direkt an, wenn ich die Tür öffnete. Aber jetzt bewegte sie sich keinen Zentimeter. Ich sah Sarah an und zuckte mit den Schultern. Sirga weigerte sich herauszukommen. Also setzte ich mich davor und versuchte, sie zu locken. Aber auch das half nicht. Es war eine Schleuse mit Betonboden und zwei Türen, damit Sirga nicht, wenn ich reinging, gleich an mir ins Freie vorbeizischte. Ich meinte: «Okay, lassen wir sie. Ich möchte sie nicht scheuchen.»

Vielleicht waren es ihre Instinkte, dachte ich, und sie fürchtet sich vor dem Unbekannten. Ich bemerkte, dass sie partout den Betonboden nicht berühren wollte.

Am nächsten Tag ging ich zu meinen Angestellten und meinte: «Baut die zweite Tür ab, den Beton könnt ihr mit Sand bedecken.»

Dann probierte ich es wieder, aber es passierte genau das Gleiche. Sie tastete zwar vorsichtig den Boden ab, kam aber nicht raus. Am vierten Tag lockte ich sie mit Fleisch, auch keine Chance. Also spielte ich mit der Haut eines Springbocks, den ich für Sirga gejagt und abgezogen hatte, vor der Tür herum. Manchmal hängte ich so was hinten ans Auto, wenn Sirga nicht nach Hause wollte. Und dieses Mal klappte es: Sie sprang verspielt durch die Tür, und alles war wie früher.

Alles, was nicht schnell genug die Beine in die Hand nahm, wurde nun gescheucht und beschnüffelt, und Stück für Stück erkundete und erschloss sie sich die Umgebung. Als sie nach einer Weile müde wurde, trotteten wir langsam nach Hause. An der Tür angekommen, blieb sie stehen. Wie krass die Instinkte dieser Tiere sind, dachte ich, dass sie sich verweigern, nur weil sie etwas nicht kennen. Sie wollte partout nicht über die Türschwelle. Ich lockte sie, sie bockte. Ich sprach ihr gut zu, sie drehte den Kopf zur Seite. Nach einigem Hin und Her ging es schließlich.

Zum Glück gewöhnte sie sich bald an die Tür. Wir erkundeten das Gebiet die nächsten Tage immer weiter. Teilweise waren wir acht Stunden unterwegs. Alleine und ohne GPS-Halsband wollte ich Sirga nicht laufen lassen, aber so ein Teil kostete fünftausend Euro. Dazu kamen die monatlichen Vertragskosten – das Geld hatte ich einfach nicht mehr.

Durchschnittlich liefen wir fünfzehn Kilometer. An Tagen, an denen sie nicht damit beschäftigt war, sich langatmig an Herden anzupirschen, schafften wir auch das Doppelte. Ich richtete mich nach dem Wetter: War es wolkenverhangen, schafften wir mehr. Knallte die Sonne erbarmungslos, weniger. Zeit hatte ich genug, denn Sirga war zwar wieder frei, doch dafür waren wir Menschen jetzt eingeschlossen.

Corona hatte uns einen Strich durch die Rechnung gemacht. Botswana befand sich seit Wochen im kompletten Lockdown, und an Gäste und Tourismus war überhaupt nicht mehr zu denken. Ich lenkte mich ab. Im Internet hatte ich ein Flugzeug gefunden, das hervorragend zu mir passte, und ich hatte mich ein bisschen verliebt.

Es war sehr günstig, aber voll funktionstüchtig und stand in einem Hangar in Südafrika. Ich hatte zwar kein Geld, hatte aber den Verkäufer vorsorglich gefragt, ob er es reservieren könne. Er meinte pragmatisch: «Wenn jemand kommt und es bezahlt, ist es weg.» Und ich kam nicht über die Grenze, denn Reisen war zu der Zeit so gut wie unmöglich.

Da niemand wusste, wie lange der Lockdown dauern und wie sich das Virus entwickeln würde, lagen alle Pläne auf Eis. Langsam machte ich mir, wie alle, die im Tourismus arbeiteten, große Sorgen. Wie lange würde ich meine Investoren und Spender bei der Stange halten können? Wie lange machten sie das mit?

Alle Läden waren dicht, nicht mal Zigaretten und Alkohol konnte man noch kaufen. Und jede Woche gab es neue Beschränkungen und neue Auflagen. Der Tourismus lag am Boden. Länder wie Botswana leben davon, dass Leute ihre Tiere sehen wollen, dass Menschen aus der sogenannten Ersten Welt hier Dollars und Euros ausgeben. Es war der Moment, in dem ich mich ernsthaft fragen musste, ob ich überhaupt weitermachen konnte.

Aber manchmal hat man im Leben auch einfach großes Schwein. Durch unsere vielen Follower bekamen wir viele

Nachrichten. So viele, dass ich sie manchmal gar nicht alle lesen konnte. Sarah machte sich die Mühe, wirklich alles durchzusehen und zu beantworten, während ich lieber irgendwo ein Dach reparierte. Dabei stieß sie auf die Nachricht einer Frau, die schrieb, sie würde gerne Sirga helfen. Der Lockdown traf ja nicht nur uns. Sie fragte, was uns zurzeit fehle.

Solchen Nachrichten begegne ich in der Regel mit Skepsis. Weil viele Leute schreiben, dass sie helfen wollen, und man schreibt lange hin und her, und dann kommt nichts mehr. Als die Frau aber nicht lockerließ, erzählte Sarah ihr irgendwann von dem GPS-Halsband, das nötig war, damit Sirga eines Tages alleine herumlaufen könne. Die Frau fragte, was so was koste. Ob sie es sehen könne. Sarah zeigte ihr das Halsband einer Berliner Firma für rund fünftausend Euro. Und die Frau sagte, sie zahle das jetzt. Einfach so.

Ich war total baff, als Sarah mir das abends vor dem Wohnwagen erzählte. Also schrieb ich der Spenderin gleich eine lange Mail, in der ich mich ausführlich bedankte. Die Dame schrieb zurück, sie freue sich auch sehr, wolle nur bitte nicht genannt werden. Sie stellte viele Fragen. Wie es mit dem Projekt angefangen habe, nach unseren Plänen für die Zukunft, und ich erzählte ihr alles.

Meine Geschichte und die von Modisa.

Von Sirgas Geburt.

Vom Naturschutzgedanken, weil man das Schönste stets schützen muss. Von Ghanzi, von Willie und Sarah und von dem kleinen Flugzeug, das ich eines Tages erstehen wollte, weil das besser helfe gegen die Wilderer in der Gegend, die auch uns nicht verschonen würden. Und dann schrieb sie: Was für ein Flugzeug ist das?

Ich antwortete: ein kleines, das weniger Sprit verbraucht als mein dicker Truck, wenn ich zum Einkaufen in die Stadt muss. Ich hätte einen Pilotenschein gemacht und begonnen, eine Landebahn hinter dem Camp freizukratzen. Fünfhundert Meter lang.

Die Frau fragte, ob ich eine konkrete Maschine im Auge hätte.

Ich schrieb: Moment, Moment. Sie hätte schon so viel gemacht, nun ginge es etwas weit.

Sie sagte, ihr Mann habe auch so ein Flugzeug besessen. Früher sei sie viel mitgeflogen. Sie könne uns sehr gut verstehen.

Dann erzählte ich ihr auch den Rest der Geschichte: vom Verkäufer in Südafrika, der eine unschlagbar günstige Maschine hatte, vom Lockdown und dass uns das Geld fehle.

Und die Frau schrieb: Sie zahle das.

Ich dachte, das kann nicht wahr sein.

Sie kaufe das Flugzeug, wir sollten nur alles organisieren.

Ich meinte: Das ist verrückt, das macht doch alles gar keinen Sinn. Wir müssen erst den Hangar fertig haben, damit wir den Flieger irgendwo unterstellen können, uns fehlt noch das Material. Stahlträger zum Beispiel.

Und da schrieb die Frau, das sei alles schön und gut. Sie zahle alles.

Ich saß minutenlang vor meinem E-Mail-Programm und starrte auf meinen Bildschirm.

Mit den Angestellten fing ich an, eine Materialliste zusammenzustellen, die Träger zu bestellen, alles zu verschweißen. Das half uns echt über die Corona-Zeit. Wir hatten zu tun, und plötzlich wussten alle wieder, auch Sarah, dass es irgendwie weitergehen würde. Die Frau hatte uns im Alleingang gerettet. Es gab Arbeit, ich konnte meine Angestellten bezahlen.

Und ich dachte: Valentin, was hast du manchmal für ein Glück. Selbst jetzt, beim Aufschreiben, fällt es mir schwer zu glauben, dass eine Fremde, der ich nie begegnet bin, das alles für uns getan hat.

«Ich muss irgendwie über die Grenze kommen, um den Flieger abzuholen», meinte ich zu Sarah.

«Wie willst du das anstellen?»

«Ich glaube, man kann eine Ausnahmegenehmigung beantragen. Ich muss es versuchen.»

Ich fragte sie, ob sie sich vorstellen könnte, das Camp für ein paar Tage alleine zu führen. Sie stimmte sofort zu, und ich war erleichtert, weil ich mich auf sie verlassen konnte. Gleichzeitig freute ich mich so sehr auf das Flugzeug.

Mittlerweile war es spät geworden, ich wollte gleich am nächsten Tag los. Ich ging an den Kühlschrank, um mir ein Bier zu holen, das heißt, ich versuchte es, denn abends laufen im Camp überall Stachelschweine herum. Die sind zahm und harmlos, aber sie gehen gerne an die Vorräte. Und wenn man sie dabei ärgert, stacheln sie natürlich los.

Ich wollte nur versuchen, die Tür freizubekommen, und schob ein paar Stachelschweine beiseite, damit sie sich nicht alle Einkäufe vornahmen, und dabei wurde eins böse und stachelte. Und zwar so, dass der Stachel meinen Fuß durchbohrte. Von der Sohle bis oben durch. Das hat ziemlich geblutet, und ich musste mich erst mal hinsetzen.

Sarah kam, um mich zu maßregeln, weil sie es gar nicht leiden konnte, wenn ich die Stachelschweine scheuchte. Doch als sie meinen Fuß sah, wurde sie still und fiel anschließend in Ohnmacht. Also musste ich mich auch noch um Sarah kümmern, bevor ich das Loch in meinem Fuß desinfizieren und verbinden konnte.

Da ich mehrere Tage humpelte, musste ich die Fahrt nach Südafrika aufschieben. Die Zeit nutzte ich, um alles mit den Behörden zu klären. Ich wollte mich endlich auf den Weg machen und noch einkaufen, damit das Camp ausgestattet war und Sarah diese Tour nicht alleine machen musste. Bevor ich losfuhr, unternahm ich eine Kontrollfahrt.

Ich fuhr an der Stelle vorbei, wo das neue Gästecamp entstehen sollte. Die Container standen schon im Staub, Werkzeug lag herum. In der Nähe gab es ein Wasserloch, wo ich in den Morgenstunden unsere Pferde stehen sah. Strawberry trank. Sie hatte gerade ihr Fohlen bekommen, und ich war froh, dass sie sich so gut eingelebt hatte.

Ich fuhr langsamer und sah Little Luck, aber das Fohlen nicht. Dann hielt ich den Pick-up an und stieg aus.

Während ich in Richtung Wasserloch ging, wunderte ich mich, dass sich Strawberry kaum bewegte. Beim Camp der Angestellten gab es zwar eine Koppel für die Pferde, aber weil sie am Abend vorher lange draußen gewesen waren und wir genug zu tun hatten, hatten wir vor dem Zubettgehen entschieden: «Lassen wir sie heute Nacht draußen.»

Als ich mich näherte, sah ich an Strawberrys Vorderlauf eine riesige Wunde klaffen. Etwas hatte ihr offenbar ins Bein gebissen. Von der Größe konnte das nur ein Löwe gewesen sein. Sie zitterte und konnte sich nicht bewegen. Vermutlich hatte sie versucht, ihr Fohlen zu verteidigen. Strawberry schwitzte vor Schmerzen.

Ich holte sofort Sarah. Für sie war es unglaublich hart, wir überlegten zunächst, ob Strawberry eingeschläfert werden müsste. Und das alles so kurz vor meiner Abreise. Ich meinte: «Ich werde in die Stadt fahren und alle Besorgungen machen. Dann kann ich Medikamente holen und mit dem Tierarzt sprechen.»

Während wir Strawberry auf einem selbst gebauten Hänger vorsichtig zum Camp fuhren, schrieb mir der Tierarzt, was wir besorgen sollten. Als das Pferd in Sicherheit war, klemmte ich mich hinters Steuer und raste los. In der Apotheke besorgte ich einen Haufen Schmerztabletten für das Pferd, Verbände, Sachen zum Desinfizieren und Penicillin zum Spritzen. Wir mussten ihr regelmäßig genug Antibiotika geben, damit sie keine Entzündung bekam. Jeden Tag mussten die Verbände gewechselt werden.

Ich hatte Angst, Sarah mit alldem alleine zu lassen, aber sie meinte, sie würde es schaffen. Da wir Sorge hatten, dass die Löwen zurückkommen würden – jetzt, wo sie wussten, dass wir ein verletztes Pferd hatten –, quartierten wir alle Angestellten um. Normalerweise schliefen sie in Zelten in der Nähe der Pferde, doch ab jetzt hieß es: schlafen im Auto, mit eingeschalteten Scheinwerfern! Und wie befürchtet kamen die Löwen in den kommenden Nächten immer wieder ins Camp.

Es war wirklich eine Riesenverantwortung für Sarah – sie meinte trotzdem, dass ich fahren solle. Weil der öffentliche Nahverkehr wegen Corona eingestellt war und ich schlecht selbst fahren konnte, denn ich flog ja zurück, lud mich ein

Freund an der Grenze ab. Von dort trampte ich in die nächste Stadt in Südafrika, wo es eine Landebahn gab, obwohl man das in Südafrika nie machen sollte. Keine Ahnung, ob man in Deutschland weiß, wie gefährlich das ist.

Leider hatte ich kein Handynetz in Südafrika, was mich nervös machte, während ich trampte. So sicher ist es hier ja nicht. Es gibt Leute in Johannesburg, die halten dir eine Knarre an die Schläfe, wenn du an der Ampel stehst. Das passiert wirklich.

Der Besitzer meiner Farm lebte in Südafrika und hatte dort ein Haus. Er meinte, ich könne bei ihm wohnen, und wenn ich es über die Grenze schaffte zu einer Stadt mit Landebahn, würde er mich mit seinem Flugzeug abholen, sofern es das Wetter erlaubte. Ich saß in dem Auto und betrachtete mit Sorge die Gewitterwolken am Himmel.

Glücklicherweise klappte alles besser als gedacht. Ich kam in einer Kleinstadt nahe der Grenze raus, ein Kaff ähnlich wie Ghanzi, wo mich der Besitzer und sein Sohn bereits an der Landebahn erwarteten. Zusammen flogen wir nach Johannesburg. Ich dachte, das klappt ja wie am Schnürchen.

Am nächsten Morgen durfte ich das Flugzeug sehen. Ich war begeistert. Es war klein, weiß, und der Motor machte einen guten Eindruck. Weil es mit seinem dritten Rad hinten etwas knifflig zu fliegen war, musste ich ein Rating-Verfahren durchlaufen, bevor ich damit abheben durfte. Dazu war viel Papierkram nötig – Formulare für die Ausreise, Überführung, Corona, Versicherung, Registrierung auf mich –, was dann ziemlich viel wurde. Alle Flughäfen waren zu, was bedeutete, ich musste Sondergenehmigungen beantragen.

Insgesamt war ich zwei Monate weg. Die längste Zeit, die ich je von Sirga getrennt war.

Dafür stand ich jetzt mit meiner Mini-Maschine auf dem International Airport Johannesburg, der zum Andenken an den Anti-Apartheids-Politiker Oliver Tambo «O.R. Tambo International» heißt, und alles war wie leer gefegt. Keine Servicefahrzeuge, die Tunnel dockten im Nichts an. Nur ich. Winzig klein. Normalerweise würde man das nie genehmigt bekommen, aber es war tatsächlich die einzige Möglichkeit, das Land zu verlassen. Also bekam ich die Erlaubnis.

Auf dem Rückweg dachte ich daran, wie ich mit Sarah über unser Gelände fliegen würde. Wie wir aus der Luft sehen könnten, was alles uns gehörte. Ich war unglaublich stolz und genoss die Freiheit in der Luft. Nachdem ich in unserer Hauptstadt Gaborone gelandet war, war ich wieder legal in Botswana – und dann ging es ab nach Hause.

Ich drehte noch eine Runde über unser Camp. Wir hatten gerade Regenzeit, und überall sah ich das Gras, das gewachsen war, und alles war grün.

DAS GROSSE FEUER

Das Feuer war weithin sichtbar. Es stand wie eine grauschwarze Wand am Horizont. Die Vögel flogen in Schwärmen auf.

Buschfeuer sind in der Gegend nichts Besonderes. Sie helfen der Kalahari, sich zu erholen, indem alte Biomasse verbrannt und Platz für Neues geschaffen wird. Aber diese Feuerwand war unfassbar breit, eine unendliche Linie, sicher hundertzwanzig Kilometer lang. Ich rannte zum Flieger und startete den Motor, während ich Sarah über Funk auf dem Laufenden hielt.

Sie saß in meinem Büro und gab alles an Nachbarn und die Behörden weiter. Ohne den Flieger wären wir aufgeschmissen gewesen. Aus der Luft konnte ich mir ein besseres Bild machen. Es war ein unfassbares Feuer, das alles ergriff, und ich hatte Angst um Sirga und das Camp. Wenn der Wind nicht mitspielte, würden die Flammen alles vernichten, was wir uns aufgebaut hatten. Ich schwebte wortwörtlich über allem und fühlte mich zugleich absolut schutzlos und ausgeliefert. Wie hatten wir uns vorher noch über die Regenzeit gefreut, überall wuchsen wilde Melonen!

Jetzt wurde uns das viele Gras zum Verhängnis.

Die Melonen hatten einen weiteren Nachteil gebracht. In der Nähe hatten sich Hirten niedergelassen mit ihren Schafen und Ziegen, die die Melonen liebten. Und das, obwohl wir uns extra an den äußeren Rand des Landes begeben hatten, um endlich alleine zu sein. Unglücklicherweise brauchten diese Tiere auch kein Wasser, weil sie genügend davon über die Früchte aufnahmen.

Ich war rübergegangen, hatte das Gespräch gesucht und mich erklärt. Hatte versucht, unseren Naturschutzgedanken zu vermitteln. Ich hatte ihnen Sirga gezeigt, die Zäune und das Gehege. Aber das hatte sie nicht wirklich gejuckt. Sie wollten weiterziehen, erklärten sie uns, wenn die Melonen aufgebraucht waren – nur leider hielten sich die ziemlich lange. Sirga konnte also noch immer nicht alleine raus, weil die Hirten sie sicherlich erschossen hätten, wenn sie den Tieren zu nahe gekommen wäre, und ich hatte mit den Feuern zu tun.

Wir koordinierten die Löscharbeiten, aber es war aussichtslos. Jeden Tag kontrollierten wir die Schneisen am Camp bis zur Erschöpfung. In dieser Größe war das Feuer nicht auszukriegen. Sarah hatte das Camp bereits verlassen, sie wollte über den Sommer zu ihrer Familie, weil ihre Schwester ein zweites Kind bekommen hatte.

Meine Leute und ich waren todmüde, trotzdem rückten wir immer wieder aus, Tag und Nacht, um die Brandnester mit Stöcken auszuschlagen. Wir waren mit unseren Kräften am Ende. Trotzdem schulterten wir mit rußverschmierten Gesichtern die Spaten. Unsere Klamotten gewechselt, geschweige denn geduscht, hatten wir schon eine Weile nicht mehr. Die Feuer waren nur noch ein paar Kilometer, einen Wimpernschlag entfernt. Allerdings wehte der Wind derzeit gnädig von Osten, weshalb die Flammen in den vergangenen Tagen kaum näher gekommen waren. Doch das drohte sich bald zu ändern.

Die Brandlinie war noch etwa sechzig Kilometer lang. Wir schlossen uns mit den Nachbarn kurz und mit den Leuten der Regierung, die alle dabei waren, dieses Ding auszumachen. Wir wussten, was passieren würde, wenn der Wind drehte. Und dann erreichten uns die Hilferufe eines Nachbarn.

Wir stürzten zum Auto und rasten über die Piste, mit fast hundertzwanzig Kilometern pro Stunde, was den Wagen bedrohlich schlingern ließ. Als wir eine Sanddüne erklommen, sahen wir das Feuer zum ersten Mal in voller Pracht und ganz nah. Es drohte den Farmen näherzukommen und auch unserem Camp. Der Wind war so stark geworden, dass er die Flammen regelrecht aufpeitschte. Sie waren so hoch wie mehrstöckige Gebäude. Der Rauch stieg in sich windenden Säulen auf.

Wir waren schon viel zu nahe dran, das Gras stand uns bis zum Bauch, die Hitze war unglaublich. Meine Jungs waren schockiert, sie hatten noch nie so ein Feuer gesehen – und ich sowieso nicht. Das Feuer drehte in einem enormen Tempo auf uns zu, und wir rannten zum Wagen und fuhren davon. Ein Stück entfernt stiegen wir aus und begannen, in langen Reihen das Gras anzuzünden.

Ich rief rüber: «Wenn die Schneisen breit genug sind, findet das Feuer keine Nahrung!»

Wir sammelten mit Rechen dicke Batzen Gras auf, zündeten sie an und liefen breite Wege ins Gestrüpp. Theoretisch klappt das gut, allerdings war der Wind zu stark und stand auch noch ungünstig. Uns lief die Zeit davon. Als wir drei Kilometer Schneise hatten, sahen wir an einer Stelle, wie das Feuer die Schneise übersprungen hatte und nun in unsere

Richtung brannte. Mit dem Pick-up rasten wir rüber zum Camp.

Es war mittlerweile später Nachmittag, die Sonne stand noch hoch. Die Feuer waren so schnell und so groß, dass sie mich sogar im Laufen überholten. Einmal musste ich über einen hohen Zaun springen, sonst wäre ich in Flammen aufgegangen.

Wir arbeiteten bis zur völligen Erschöpfung. Alles stand jetzt auf dem Spiel. Von allen Seiten näherte sich das Feuer unserem Camp, und ich hatte zwar ein Funkgerät dabei, um Kontakt zur Außenwelt zu halten, aber das Feuer machte einen solchen Lärm, dass man überhaupt nichts mehr verstand.

Die Sonne ging unter, und wir sahen ringsum nur noch Feuer.

Wie verbissen versuchte ich, die Flammen von meinen Zäunen fernzuhalten, die Zäune, für die ich so viele Jahre geschuftet hatte. Noch nie im Leben hatte ich so gefühlt und so gedacht wie in diesem Moment. Uns war praktisch klar, wir verbrennen jetzt. Selbst der Rauch leuchtete vom Feuer, und ich rannte durch Gras, das mir bis zur Brust stand, so schnell ich konnte, mit dem Rechen in der Hand.

Ich rannte um Sirga.

Ich rannte um mein Camp.

Für meine Angestellten.

Für das Flugzeug.

Ich dachte, vielleicht haut es dich jetzt weg, aber alles andere ist wichtiger.

Wir arbeiteten die Nacht durch. Und die nächste. Und die nächste. Immer wieder gingen irgendwo Feuer an, wo wir sie doch gerade noch gelöscht hatten.

Und dann war es plötzlich vorbei, das Feuer drehte ab, als hätte es einfach von uns abgelassen.

Ich konnte mich trotz aller Erschöpfung überhaupt nicht hinlegen, so zittrig war ich. Ich sah überall nach, um die Schäden zu begutachten. Bei Sirga, beim Flugzeug, beim Hangar. Alles, was wirklich wertvoll war, hatte das Feuer uns gelassen. Viele Zäune waren hin, aber nur die billigen aus Holz. Die teuren Zäune von Sirga waren intakt. Ein paar Isolatoren waren geschmolzen, aber nichts, was sich nicht reparieren ließe. Selbst das Nest von unserem Vogel Strauß lag unberührt in der schwarzen und ausgestorbenen Landschaft. Vier intakte Eier darin.

Die Wissenschaftler, die eine permanente Forschungsstation bei uns errichten wollten, meldeten sich. Es sei fabelhaft, sie könnten jetzt Daten sammeln wie noch nie. Thoralf kam extra von Maun her und sprach von einer «einmaligen Chance». So kann man es wohl auch sehen. Ich glaube, vier Millionen Hektar brannten bei diesem Feuer in der Kalahari ab. Auf unseren siebentausend Hektar konnten wir wenigstens unsere Gebäude erhalten, von den Grasflächen brannten drei Viertel ab. Ich saß müde neben Sirga und kraulte ihr den Rücken.

Das Wertvollste war erhalten geblieben.

ENDE

Das Leben in der Wildnis ist nicht nur hart, wenn gerade die komplette Existenz von einem Feuer bedroht ist. Auch der Alltag lässt mich manchmal zweifeln, ob es das alles wert ist. Was für Außenstehende nach einem tollen Abenteuer klingt, kann einen auf Dauer zermürben, und es gibt Momente, in denen ich mich nach einem «normaleren» Leben sehne. Draußen kalt duschen, auch im Winter bei Minusgraden, eine Küche, die jeden Tag vom Wind mit einer Schicht Staub und Sand bedeckt wird, sechsstündige Autofahrten über holprige Sandpisten, um Lebensmittel zu kaufen, immer selber kochen zu müssen, weil es kein Restaurant und keinen Pizza-Lieferanten gibt, schlafen ohne Heizung oder Klimaanlage von −14 bis 30 Grad im Schatten, seit zehn Jahren kein richtiger Urlaub und noch so viel mehr. Aber ich liebe das Leben hier draußen, und ich kann mir nichts anderes mehr vorstellen.

Es sind oft Erinnerungen an meine Kindheit, die mir klarmachen, wie viel Glück ich habe, so leben zu dürfen. Unter der kalten Dusche denke ich immer daran, wie wir als Kinder an die Wutach, einen Nebenfluss des Rheins, gefahren sind. Obwohl man es nur kurz aushalten konnte, habe ich es immer genossen, ins eiskalte Wasser zwischen die Felsen zu springen. Bevor ich jetzt unter meine kalte Kalahari-Dusche springe, denke ich an den Moment des Eintauchens ins eisige Flusswasser. So kann man die Dusche aushalten.

Beim Anzünden des Herds liegt immer kurz der Gasgeruch in der Luft. Mich erinnert das jedes Mal an die geliebten Familien-Campingtrips mit dem Wohnmobil nach Frankreich und Italien. Ein bisschen Sand und Staub ist ja überhaupt nicht so schlimm, und das viele Kochen ist zwar Arbeit, aber wenn man gut essen möchte, lernt man wenigstens, ordentlich zu kochen.

Manchmal bin ich mir vielleicht nicht mal mehr bewusst, wie «anders» dieses Leben hier wirklich ist. Ich bin eigentlich immer draußen. Die einzigen Räume sind mein Wohnwagen und der Bürocontainer. So ein Leben zehrt schon sehr, weil man einfach der Umwelt ausgeliefert ist. Wind und Regen, Hitze und Kälte, Dürre, Gewitter, Sand, Staub und Insekten, und alles, ohne sich davon jemals wirklich zurückziehen zu können, das braucht einfach viel Energie. Und Gelassenheit.

Ich bilde mir ein, dass diese Lebensweise aber auch dazu beigetragen hat, dass ich seit jetzt schon circa sechzehn Jahren keinen Arzt mehr aufsuchen musste – mal abgesehen von ein paar Wunden, die genäht werden mussten, und den regelmäßigen Tollwut-Impfauffrischungen, wenn mich mal wieder irgendein Tier gebissen hat.

Ich habe mir zwar immer ein Leben in der Natur und mit Tieren vorgestellt. Aber in diesen Visionen war auch immer das Meer in der Nähe, ein Surfbrett lag hinten im Auto, und es gab eine Strandbar, wo ich abends unter Palmen zusammen mit Freunden etwas Gutes zu essen bekam und ein kühles Bier genoss, während ich dem Rauschen der Wellen lauschte.

Ich hatte auch nie Zeit, um über das alles nachzudenken oder es infrage zu stellen. Wenn ich mir vorher über all die

Herausforderungen bewusst gewesen wäre, weiß ich nicht, ob ich es überhaupt in Angriff genommen hätte. Rückblickend gibt es aber keine Entscheidung, die ich jemals bereuen würde. Auch nach mittlerweile zwölf Jahren in Afrika ist meine Leidenschaft für die Natur ungebrochen. Es gibt einfach viel zu viel, was das Leben hier unvergleichlich schön macht. Sei es die Weite und Einsamkeit der Wildnis, die Stille und Ruhe weitab der Zivilisation oder die wilden Tiere, die um einen herum einfach ihrem Leben nachgehen. Dazu kommt jeden Abend ein atemberaubender Sonnenuntergang, gefolgt von einem perfekten Sternenhimmel, während das Lagerfeuer knistert. Und wer hat schon eine Löwin, mit der er durch die Kalahari laufen kann?

Trotz viel Arbeit und Verantwortung begleitet mich ein unbeschreibliches Gefühl von Freiheit und Frieden.

Botswana hat, dünn besiedelt und mit großen naturbelassenen Gebieten, ein einzigartiges Potenzial, was den Naturschutz angeht. Ich glaube, neben der Verantwortung für Sirga gibt mir dieser Reichtum letztendlich die Kraft, immer weiterzumachen. Wilde Tiere und ihre Art, das Leben hinzunehmen und im Hier und Jetzt zu sein, finde ich zugleich beeindruckend und friedlich. Es ist aber auch ein hilfloses Dasein, da sie den Umständen komplett ausgeliefert sind.

Unsere Fähigkeit, zu planen und die Umstände zu ändern, stellt es für mich außer Frage, dass wir für alle Kreaturen auf diesem Planeten Verantwortung tragen. Die Menschheit scheint sich zusehends über diese Verantwortung klar zu werden. Es fehlt nur hier und da noch am richtigen Bewusstsein über die Ursachen und was getan werden kann.

Mein Leben hier und meine Arbeit hat mir eine neue Perspektive auf die Welt eröffnet. Ich würde gerne alle wilden Tiere Afrikas in Sicherheit sehen. Mich um diese Gegend hier zu kümmern hat mir aber klargemacht, dass nur eine sehr begrenzte Zahl von Tieren wirklich wild und frei leben kann. Einfach aufgrund der begrenzten Fläche und der klimatischen und geografischen Bedingungen.

Gleichzeitig ist mir so bewusst geworden, dass unser ganzer Planet ja auch nichts anderes als solch eine begrenzte Fläche ist. Es ist also nur logisch, dass auch unsere eigene Population nicht ewig weiterwachsen kann. Ganz egal, ob wir versuchen, so nachhaltig zu leben wie es irgend geht, oder ob wir einfach die letzten Ressourcen der Erde so schnell wie möglich verpulvern. Solange beide Prinzipien weiter auf Wachstum und Ausbreitung basieren, ist es nur eine Frage der Zeit, bis das Leben, wie wir es kennen, vorbei ist. Nachhaltigkeit, also zum Beispiel nicht weit verreisen, lokal shoppen und kein Auto besitzen, verzögert die Entwicklung. Wenn wir stattdessen alle im Privatjet zur Ferienwohnung am Strand fliegen, wo die Luxusyacht wartet, dann geht's etwas schneller, bis wir keine Lebensgrundlage mehr haben. Es ändert jedoch nichts am letztendlichen Ergebnis. Natürlich sollten wir trotzdem die nachhaltige Lebensweise fördern, wo auch nur irgend möglich. Schließlich brauchen wir Zeit, um Lösungen für die Krise des Planeten zu finden.

Doch es gibt leider kein globales Rezept für eine nachhaltige Lebensweise. Wir Menschen stellen zusehends fest, wie wichtig es für unser persönliches Wohlbefinden ist, unsere eigene Individualität ausdrücken zu dürfen. Ebenso wichtig ist es, unsere Umwelt und ihre unzähligen kleinen Nischen und diversen Ökosysteme in ihrer Vielfalt zu respektieren.

ENDE

Durch den Klimawandel ändern sich die Voraussetzungen für ein nachhaltiges Leben ständig. Unsere Fähigkeit, die Vielfalt der Natur zu erhalten und uns an die kommenden Veränderungen anzupassen, wird meiner Meinung nach ausschlaggebend sein für unsere Zukunft.

Um das Problem der Überbevölkerung zu bewältigen, werden fundamentale Veränderungen nötig sein. Ich habe auch keine Lösung, aber ich habe Hoffnung. Noch nie zuvor war die allgemeine Bereitschaft, etwas für unsere Umwelt zu tun, so groß. Die Unterstützung, die auch wir in Tsabong kontinuierlich erfahren, ist wirklich großartig und zeigt, dass überall auf der Welt Leute bereit sind, sich für unsere Umwelt einzusetzen.

Dass die Härte und Feindseligkeit der Kalahari den Menschen davon abhalten wird, weiter in die letzten natürlichen Lebensräume des Landes vorzudringen, das wage ich zu bezweifeln. Umso wichtiger ist es, Wege zu finden, wie Mensch und Natur koexistieren können. Dazu gehört auch das Voneinander-Lernen. Es reicht nicht nur, Arbeitsplätze im Tourismus zu schaffen, wenn die Leute dann im Supermarkt Rindfleisch und andere Agrarprodukte kaufen, die nicht aus der Region stammen. Das muss ja schließlich auch irgendwo herkommen und braucht Unmengen von Platz. Es hilft nicht, die Natur nur von außen zu betrachten, einfach schön zu finden und in Ruhe zu lassen. Dafür ist es zu spät. Wir sind Teil des Ganzen, und dementsprechend müssen wir uns verhalten. Dazu gehört die nachhaltige Nutzung der natürlichen Ressourcen für die lokale Versorgung und für den Export – und Ökotourismus, wie wir ihn betreiben und stetig ausbauen.

Mit meinem Leben in der Kalahari möchte ich ein Beispiel geben, wie in unserer Nische hier ein nachhaltiges Leben von und mit der Umwelt möglich ist. Wenn man es richtig anpackt, können Mensch wie Natur profitieren. Wir haben noch viel vor: Trotz unseres Wüstenklimas soll alles Wasser, was wir benötigen, durch Regenwasser-Auffanganlagen kommen. Auch das Wasser für die wilden Tiere. Ein Gewächshaus soll das ganze Jahr über frische Nahrungsmittel liefern. Strom soll mit einer Kombination aus Solar- und Windenergie erzeugt werden, wobei auf die umweltschädlichen Energiespeicher verzichtet wird. Bienenkästen für die Gewinnung von Honig, viele Wanderungen und die Nutzung unserer Pferde, um die Gegend zu erkunden, Biogas zum Kochen – das sind nur ein paar der Ideen, die ich im Kopf habe.

Um das alles in die Realität umzusetzen, wird es noch einige Zeit und Geld brauchen. Aber ich bin überzeugt, ein durchweg nachhaltiges Leben ist möglich. Um das nicht nur für uns selbst zu machen, soll unser Modisa Wildlife Project Menschen aus der ganzen Welt die Möglichkeit geben, als Touristen alles hautnah mitzuerleben. Ich träume davon, eine Safari anzubieten, auf der man einfach zu Fuß unterwegs ist, die Tiere und die Gegend genießt und gut isst. Das soll mit allem Komfort, aber mit minimalem CO_2-Fußabdruck funktionieren. Der größte Posten in dieser Hinsicht ist natürlich die An- und Abreise per Flugzeug. Für den eigentlichen Aufenthalt wird nicht mal ein Verbrennungsmotor gestartet werden, und bis auf ein paar Getränke und Gewürze werden alle Lebensmittel aus eigenem nachhaltigen Anbau stammen.

ENDE

Die Gäste lernen viel über die heimische Tier- und Pflanzenwelt, aber auch über Nahrungsanbau und nachhaltigen Lebenswandel. Um der lokalen Bevölkerung Zugang zu alldem zu verschaffen, sollen Schulklassen regelmäßig für einige Tage zu Besuch sein und Praktikantenstellen eingerichtet werden. Die Menschen hier sind sehr interessiert, verfügen aber meist nicht über die finanziellen Mittel, um sich zu bilden und zu engagieren. Die Bereitschaft, zu lernen und auch etwas zu ändern, ist aber da. Unsere Angestellten sind ein wunderbares Beispiel dafür und haben wirklich innerhalb kurzer Zeit ihre Natur und Tierwelt schätzen gelernt und sind bereit, sich auch dafür einzusetzen.

Unser ganzes Projekt soll wissenschaftlich begleitet werden von einer Forschungsbasis, die in die Camp-Anlage integriert wird. So werden nationale und internationale Wissenschaftler und Studenten die Möglichkeit haben, sich auszutauschen und ihrer Arbeit nachzugehen.

Momentan geht alles gerade richtig los. Ob ich all meine Vorhaben umsetzen kann, weiß ich nicht. Aber ich werde alles daransetzen und nebenher weiter dafür sorgen, dass Sirga in ihrem neuen, riesigen Gebiet ein schönes und sicheres Leben hat, während sie hoffentlich noch viel in ihrer Rolle als Botschafter für ihre wilden Artgenossen erreichen kann.

Vielleicht reicht es auch irgendwann für mich, um ein kleines Häuschen zu bauen mit warmer Dusche, kleiner Küche und einem richtigen Bett. Eine Heizung wäre schön, damit man im Winter nicht mehr im Kalten schlafen muss. Bis dahin geht das Abenteuer weiter. Ich genieße jeden Moment und bin unendlich dankbar für die unglaublichen Erfahrungen, die ich bis jetzt machen durfte.

Insbesondere hat natürlich Sirga mein Leben verändert. Einfach dabei sein zu dürfen, wenn dieses riesige Raubtier in ihrem natürlichen Lebensraum ihre Instinkte ausleben kann, ist unglaublich. Und obwohl mir immer wieder gesagt wird: «Das Tier wird dich eines Tages auffressen», ist Sirga jetzt schon seit knapp zehn Jahren in meinem Leben. Es ist ein überwältigendes Gefühl, das Vertrauen von einem der größten Landraubtiere der Welt gewonnen zu haben. Sirga ist nicht trainiert, ich habe nie versucht, ihr etwas beizubringen, sondern sie einfach ihr Leben leben lassen, so weit es die Umstände erlaubten. Bis heute kann ich es kaum glauben, dass sie mir immer wieder nach Hause folgt, wenn wir draußen unterwegs waren. Sie könnte auch einfach in der Wildnis bleiben. Das ist eine Erfahrung, die ich nur schwer in Worte fassen kann. Sirga wird immer ein wichtiger Teil meines Lebens sein, und ich werde alles dafür tun, dass es ihr gut geht.

Valentin Grüner, März 2022

DANKSAGUNG

Ich möchte an dieser Stelle die Gelegenheit nutzen und mich bei den vielen Menschen bedanken, die direkt zu meinem persönlichen Erfolg beigetragen haben, die mir mit Rat und Tat zur Seite standen, die Türen geöffnet haben. Oder einfach für mich da waren.

\#

Dazu gehören zuallererst das Land Botswana und seine Menschen. Es ist immer wieder erfrischend und ermutigend, in einer so wunderbaren, friedlichen und hilfsbereiten Gesellschaft leben zu dürfen. Dieses Land macht es einem sehr einfach, sich hier zu Hause zu fühlen, und ich kann mir keinen besseren Ort zum Leben vorstellen.

\#

Willie De Graaf hat mir die Möglichkeit gegeben, mein eigenständiges Leben hier auf seiner Farm, Grassland Safaris, zu beginnen. Ich werde ihm und seiner Familie immer dankbar sein.

\#

Ein großer Dank geht auch an Jürgen und Tarina Jozefowicz und ihre Firma Tauana Films. Sie haben Jahre investiert, um Sirga zu begleiten und die Serie «Saving Sirga» zu produzieren. Danke dafür. Die Publicity hat nicht nur meinem

Vorhaben geholfen, dahin zu kommen, wo wir heute sind, sondern auch Sirgas Dasein mehr Bedeutung gegeben, weil durch diese Serie auf die Probleme ihrer wilden Artgenossen im besonderen Maße aufmerksam gemacht wurde.

#

Ein ganz besonderer Dank geht auch an Dr. Kelley Crews und Dr. Thoralf Meyer. Rückblickend bin ich überzeugt, dass die Möglichkeit, aktiv an ihrer Forschung partizipieren zu dürfen, meine heutige Einstellung zum Naturschutz sehr stark beeinflusst hat. Ich freue mich auf unser nächstes gemeinsames Projekt, die Errichtung einer unabhängigen Forschungsstation in der Kalahari.

#

In Maun möchte ich mich bei denen bedanken, die mir besonders am Anfang geholfen haben. Sei es mit einem Dach über dem Kopf, kleineren Jobs, die mich finanziell über Wasser gehalten haben, Rat und Tat bei meinen Vorhaben oder einfach durch bis heute anhaltende Freundschaft. Ganz besonders muss ich hier Neil Kendrick danken. Er hatte nicht nur mir, sondern auch vielen unserer Gäste mit der Okavango River Lodge ein Zuhause in Maun gegeben. Wegen Covid gibt es die Bar leider nicht mehr. Ich freue mich darauf, mit seinem neuen Raintree Camp weiter eine Anlaufstelle am Okavangodelta zu haben.

#

Natürlich geht ein riesiger Dank auch an all die Menschen, die über die Jahre unser Camp besucht haben, ganz speziell an diejenigen, die immer wieder zurückkehren. Ohne euch hätte diese ganze Sache sicher nie funktioniert.

\#

An dieser Stelle möchte ich auch Fabian Gieske danken für seine jahrelange Unterstützung. Ich hoffe sehr, dass seine Kollegen und Kolleginnen bei Schønlein Media es mir nicht übel nehmen, dass ich so viele Stunden seiner Arbeitszeit unentgeltlich in Beschlag genommen habe.

\#

Meinem Freund Mikkel Bille-Legarth möchte ich danken. Ohne ihn als Geschäftspartner hätte ich diese ganze Sache nie anfangen können. Ich freue mich auf die weitere Zusammenarbeit mit seiner Buchungsagentur Lost Adventures in Dänemark.

\#

Weltweit möchte ich allen Menschen danken, die uns unterstützt haben, durch Spenden für Sirgas Zaun, aber auch ihren Fans und Followern in den sozialen Netzwerken. All dies hat maßgeblich dazu beigetragen, das Anliegen um MODISA international bekannt zu machen. Ohne euer Engagement hätte Sirga heute ihre zweitausend Hektar nicht, und dafür bin ich unendlich dankbar.

\#

Ein riesiger Dank geht natürlich an meine Familie, Bärbel, Joachim und meine Schwester Lisa. Ich könnte mir keine bessere Familie wünschen. Meine naturverbundene Kindheit hat mit Sicherheit zu meinem heutigen Leben geführt – und meine Entscheidung, wegzuziehen und nur wenig Zeit für die Familie zu haben, wurde nie infrage gestellt. Ihr habt mich immer akzeptiert und unterstützt. Speziell meinem Vater muss ich für die fortwährende finanzielle Hilfe danken. Ich hoffe sehr, dies eines Tages erwidern zu können.

#

Ich möchte meinen beiden Angestellten, Robert und Thato, sehr danken. Die zwei Jungs aus einem kleinen Ort in der Nähe haben sich während ihrer Zeit hier unglaublich entwickelt und die Natur und Tierwelt lieben gelernt. Wir drei haben zusammen alles gebaut, was wir heute besitzen. Thato ist im Begriff, eine Ausbildung zum Naturführer zu machen, und Robert kann sich ein Leben ohne die Wildnis nicht mehr vorstellen. Ich freue mich darauf, mit den beiden weiterzuarbeiten und im neuen Camp noch vielen Menschen hier Arbeit in der Natur geben zu können und hoffentlich den gleichen Enthusiasmus für ihre Tierwelt zu wecken.

#

Nicht zuletzt möchte ich meiner Freundin Sarah danken. Ich bin mir bewusst, dass es für dich nicht einfach ist. Ohne die Annehmlichkeiten, ohne Familie und Freunde, hier mit mir. Deine Unterstützung hat nicht nur maßgeblich dazu beigetragen, meinen Traum hier zu verwirklichen, sie hat ihn perfekt gemacht. Danke für das Privileg, diesen unseren Traum mit dir teilen zu dürfen.

BILDNACHWEIS

BILDTEIL 1:
S. 1 oben © Joachim Grüner
S. 1 unten © Jannie Nikola Laursen
S. 2 oben, 3, 4/5 © Fabian Gieske
S. 2 unten © Carol Pascall
S. 6, 7, 8 oben © Modisa Wildlife Project
S. 8 unten © Robert Morerwa
S. 9, 10/11, 12 © Sarah Victoria Wriedt

BILDTEIL 2:
S. 1, 2, 3, 4, 5, 6/7, 8, 9 unten © Sarah Victoria Wriedt
S. 9 oben, 10 © Valentin Grüner
S. 11 oben © Annette Fürst
S. 11 unten, 12 © Valentin Uhrmeister